Harald Parigger

# Im Schatten des schwarzen Todes

SCHNEIDER BUCH

Die Deutsche Bibliothek – CIP-Einheitsaufnahme

**Parigger, Harald:**
Im Schatten des schwarzen Todes / Harald Parigger. – München :
F. Schneider, 1998
ISBN 3-505-10394-2

Dieses Buch wurde auf chlorfreies,
umweltfreundlich hergestelltes
Papier gedruckt. Es entspricht den
neuen Rechtschreibregeln.

**Der Schneider Verlag im Internet:**
**http://www.schneiderbuch.de**


Titelbild und Vorsatzillustration: Ute Thönissen
Umschlaggestaltung: ART-DESIGN Wolfrath, München
Lektorat: Iris Praël
Herstellung/Satz: FIBO Lichtsatz GmbH, München, 10· Garamond
Druck: Presse-Druck, Augsburg
Bindung: Conzella Urban Meister, München-Dornach
ISBN 3-505-10394-2

Für Manfred und Kurt

# Vorspiel

Die kleine Stadt Kaffa auf der Krim war voll gestopft mit Menschen.

Unter den Tataren war eine Seuche ausgebrochen, plötzlich und unerbittlich. Wer sich am Morgen gesund erhob, zitterte vor dem Abend; mancher, der sich ohne Beschwerden zum Schlafen niederlegte, erwachte nachts, von rasenden Schmerzen gepeinigt, und starb wenige Tage später.

Sie nannten die Krankheit den schwarzen Tod, weil sich auf den Körpern der Kranken übel riechende schwarze Blattern bildeten.

Die Christen, hieß es, trügen die Schuld an dem Unglück, die Genueser Kaufleute, die überall an der Küste ihre Handelsniederlassungen hatten. Sie hätten die Brunnen vergiftet, weil sie unersättlich seien in ihrer Gier nach Besitz und das Land für sich allein haben wollten.

Niemand wusste ein Mittel gegen die Seuche, niemand konnte sich und die Seinen vor ihr schützen. Denn wen sie befallen hatte, der zog andere ins Verderben, unweigerlich, schon sein verpesteter Atem machte krank, die Ausdünstungen seines verfaulenden Leibes; wer ihn berührte, der forderte sein Schicksal heraus. So starben täglich viele von ihnen, und noch in ihren letzten qualvollen Augenblicken verfluchten sie jene, die sie für die Urheber ihrer Leiden hielten.

Christen, die in diesen Tagen und Wochen in die Hände

der Tataren fielen, durften nicht auf Gnade hoffen. Deshalb hatten sich Tausende in die kleine Stadt Kaffa geflüchtet. Inzwischen jedoch kam niemand mehr hinein oder heraus, es sei denn über die See. Denn vor den schützenden Mauern lag ein großes Tatarenheer, entschlossen, Rache zu üben und nicht eher wieder abzuziehen, bis die Stadt in Trümmern lag und ihre Bewohner getötet waren.

Noch hielten die Mauern. Aber in den Straßen häufte sich der Unrat, es gab nicht für alle genug zu essen. Die Enge in den überfüllten Häusern und Notquartieren machte die Menschen unberechenbar und böse.

Zwei Männer gingen langsam über die Hauptstraße der Stadt. Sie bahnten sich einen Weg zwischen den hölzernen Karren und den über Pfählen gespannten Decken, unter denen sich die Flüchtlinge drängten. So gut es ging, wichen sie den stinkenden Kothaufen und den faulenden Abfällen aus, die überall herumlagen.

„Es wäre besser", meinte der eine sorgenvoll, „diesen verdammten Ort zu verlassen, bevor es zu spät ist. Sonst schlachten uns entweder die Krieger des Khans ab oder wir verrecken an der Seuche." Er deutete nach Norden, wo dunkle Rauchschwaden langsam zum Himmel stiegen. „Da, siehst du, Tag und Nacht verbrennen sie die Leichen ..." Er schüttelte sich, als ob ihm kalt wäre, trotz der sengenden Sonne. „Wir sollten die Stadt verlassen."

„Benimm dich nicht wie ein altes Weib", erwiderte der andere unwirsch. Er griff nach der Börse, die an seinem Gürtel hing, und ließ die Münzen darin klimpern. „Hörst du den süßen Klang des Goldes? Niemals im Leben haben wir solche Geschäfte gemacht wie hier. Die Mauern sind sicher, sollten sie fallen, bleibt uns immer noch die Flucht über das Meer. Und was die Seuche betrifft – jede Leiche ist ein Feind weniger. Soll sie unter den Tataren wüten, mir ist's recht, solang sie uns verschont."

„Solang sie uns verschont." Sein Freund blickte nachdenklich zu den Rauchwolken, die fett und schwer über der Ebene hingen. „Der schwarze Tod ... Was meinst du, was ihn verursacht?"

„Wie soll ich das wissen? Vielleicht straft Gott die Tataren für ihren Heidenglauben? Vielleicht hat ein verpesteter Wind sie überfallen? Vielleicht sind ihre Brunnen wirklich vergiftet?" Er lachte auf. „Dass sie uns daran die Schuld geben, zeigt freilich nur, dass sie dumme, ahnungslose Heiden sind. Juden mögen zu so was im Stande sein, aber doch keine Christenmenschen! Egal, ich bin gesund, meine Vorratskammer ist voll, meine Truhe noch voller. Warum soll ich die Stadt verlassen? Und jetzt genug davon. Pfui Teufel, was ist das?"

Er war auf etwas getreten, etwas, das weich und doch fest war und unter seinem Gewicht knackend nachgegeben hatte. Angeekelt hob er den elegant beschuhten Fuß und starrte wütend auf die tote Ratte, die mit aufgeplatztem Bauch vor ihm auf dem Boden lag. „So eine Schweinerei, ein nagelneuer Schuh!"

Sein Freund achtete nicht auf ihn. „Sieh dir das an", sagte er und zeigte auf einen Haufen fauliger Gemüsereste. Da war noch eine Ratte, eine lebendige. Sie schob sich langsam unter den Blättern und Schalen hervor und torkelte mit trägen Bewegungen auf die Männer zu. Ohne ein Zeichen von Furcht beschnupperte sie ihre tote Artgenossin und tauchte die Schnauze tief in den geplatzten Leib.

„Weg, verdammtes Ungeziefer!“ Der Mann trat nach ihr, sie quietschte, aber sie floh nicht, sondern schleppte sich langsam zurück.

„Hast du schon mal eine Ratte gesehen, die keine Angst vor Menschen hat?“

„Ach, was! Der Überfluss an Unrat macht sie satt und träge. Daran ist nichts Besonderes. Sag mal, warum kratzt du dich eigentlich ständig?“

„Die Flöhe sind es. In dieser Stadt wimmelt es von Flöhen und die meisten davon haben es auf mich abgesehen.“

„Sei nicht so zimperlich. Ich kümmere mich schon gar nicht mehr um sie. Lieber Flöhe als Tataren, sag ich dir. Komm jetzt. Ein schattiger Garten und ein Krug mit kühlem Wein, das ist das beste Mittel gegen alle Krankheiten, und nach dem fünften Becher hast du deine Flöhe vergessen.“

Am nächsten Tag begaben sich die beiden Kaufleute schon früh in ihr gemeinsames Kontor um in der morgendlichen Kühle zu arbeiten. Sie waren noch keine Stunde dort, als plötzlich die Tür aufgerissen wurde und ein Diener hereinstürzte. Er keuchte vom schnellen Lauf und aus seiner Stimme sprach die blanke Angst, als er die Schreckensnachricht hervorsprudelte: „Der schwarze Tod ist in der Stadt.

Unter den Flüchtlingen gibt es schon ein Dutzend Tote. Der Khan lässt mit seinen Wurfmaschinen Leichen in die Stadt schleudern, zu Haufen liegen sie schon da, ich hab sie selbst gesehen ... Der Gestank, den sie verbreiten, man meint, man muss schon allein daran krepieren, und ihr Aussehen ist fürchterlich ..." Er konnte nicht weitersprechen, es würgte ihn vor Ekel und Angst.

Entsetzt sahen sich die Freunde an. Was half der Klang des Goldes gegen die Schrecken eines solchen Todes!

„Wir müssen fliehen!", stieß der eine hervor. „Rasch, bevor der Mob in Panik gerät und über unser Schiff herfällt! Lass uns an Gold zusammenraffen, was wir tragen können, und dann nichts wie weg! Komm schon, komm!"

Gemeinsam mit dem Diener rannten sie in die Wohnräume hinauf. Verlassen lag das Kontor mit all seinen Rechnungsbüchern, Verträgen und Geschäftsprotokollen, und dahinter, in den Lagern, türmten sich kostbare Seidenstoffe, Bündel feinsten Leders und unbezahlbarer Pelze.

Es dauerte keine Stunde, da waren sie mit ihren Dienern und Gehilfen schon auf dem Weg zum Hafen. Sie durcheilten Gassen und überquerten Plätze, erst in schnellem Schritt, dann rannten sie. Plötzlich blieb der eine Kaufmann stehen. „Schau hin", schrie er, „da und da und da!" Überall lagen tote Ratten vor den Haustüren im träge sickernden Abwasser, in Unrat und Abfall. Zwischen ihnen schlichen die lebenden umher, schwerfällig und furchtlos, und schleiften die langen Schwänze im Straßendreck.

„Komm weiter!" Der andere zog ihn fort und winkte den Dienern. „Beeilt euch!"

Dann waren sie am Hafen. Am Kai drängten sich die Menschen, doch noch sorgte eine Anzahl Bewaffneter für Ordnung. Wer ein Schiff oder einen Anteil daran besaß, konnte ungehindert an Bord gehen. Manch einer von ihnen entsann sich der Gebote seines Glaubens und nahm welche von denen mit, die weniger wohlhabend waren, wenn sie gesund zu sein schienen. Zuletzt sprangen die Söldner und Kriegsknechte an Bord. Ein Schiff nach dem andern legte ab.

Unterdessen wurde die Menge der Zurückgebliebenen am Kai größer und größer. Sie drohten, schrien, warfen Steine, einige sprangen ins Wasser, schwammen den Schiffen mit verzweifelter Anstrengung hinterher und ließen sich dann müde treiben, als ob sie den Willen nicht mehr aufbrächten, an Land zurückzukehren.

Bald war das letzte Segel am Horizont verschwunden. Zurück blieben Tausende, für die kein Platz an Bord mehr gewesen war. Aber auf allen Schiffen, an Deck, in den Kajüten, in den Frachträumen und in der Bilge, wo die Ratten hausten, fuhr ein unsichtbarer Reisender mit nach Europa: der schwarze Tod.

# 1

Eine schwarze Wolkenwand schob sich vor die untergehende Sonne, kroch höher und höher, bis sie den ganzen Himmel bedeckte.

Der alte Mann senkte den Blick, bückte sich und hob mühsam die schwere Kiepe auf den Rücken. „Wir schaffen's nicht mehr", sagte er und strich seinem Maultier, das mit Bündeln, Säckchen und Ballen bepackt war, über die Nüstern. „Komm schon, lass uns weitergehen, damit wir wenigstens den Wald erreichen, bevor das Unwetter losbricht."

Das Tier schien ihn zu verstehen, denn es trottete los, so eilig, dass die Zügel sich strafften und er eine Zeit lang mehr gezogen als laufend voranstolperte. Bald wurde der Weg schmaler, die Bäume wuchsen höher, und dann waren sie im Wald. Unhörbar wurde jetzt der Schritt des Alten, die Hufe des Maultiers pochten dumpf auf dem weichen Blätterboden. Sonst war es ganz still, nichts schien sich zu bewegen, kein Vogel zwitscherte.

Der alte Mann sprach leise auf sein Tier ein, denn er fürchtete sich vor der Stille. Dort, wo er herkam, war es zuletzt oft so still gewesen. Menschen, in bodenlange Gewänder gehüllt, Tücher vor dem Gesicht, waren lautlos an ihm vorübergeeilt. Kein Händler hatte auf dem Markt seine Ware feilgeboten, kein Erzähler eine Menge von johlenden Männern und kichernden Weibern um sich versammelt, kein fahrender Bader die Wunderwirkung seiner Arznei angepriesen. Nur die Totenglocke hatte hin und wieder geläutet, hatte ihr wimmerndes „Bimbim, bimbim“ über die Dächer und durch die Gassen geschickt. Und bald darauf hatte man das Knirschen von Rädern hören können, ein Karren war vorübergerollt, dann war es wieder still gewesen, so still.

An solchen Orten, hatte der alte Mann gewusst, würde ihm niemand etwas abkaufen. Dort hatte er seine Kiepe gar nicht erst abgenommen, sondern sich nur an irgendeiner Schänke einen Krug Bier und ein Stück Brot aus der Tür reichen lassen und war schleunigst weitergezogen, auf der Flucht vor der fürchterlichen Krankheit, die ihn doch immer wieder eingeholt hatte.

Seitdem fürchtete er sich vor der Stille und deshalb redete er mit seinem Maultier, als ob es ein Mensch wäre, ein freundlicher Mensch, der immerfort zuhörte.

„Seit zwei Tagen war in den Dörfern niemand krank, durch die wir gekommen sind“, plapperte er. „Gut, auch da hat niemand was gekauft und alle haben die Türen vor Fremden verschlossen, denn die Angst vor der Krankheit ist noch schneller als die Krankheit selbst. Ja, ich habe keinen roten Heller mehr im Beutel, und gefressen hat von uns heut nur einer, nämlich du. Du brauchst nicht unbedingt Brot und bestimmt kein Bier, mein Freund. Du brauchst nur den Hals nach unten zu strecken, und schon wächst dir alles ins Maul, was dir schmeckt. Aber niemand war krank, hörst du, mein Alter, niemand, und auch wir sind gesund. Wir sind ihm entkommen, dem schwarzen Tod. Die Brüder auf dem Berg werden mir was abkaufen. Sie haben mir immer was abgekauft, weißt du. Und gutes Essen und ein warmes Plätzchen für uns beide haben sie auch. Den schwarzen Tod braucht hier niemand zu fürchten. Hier hat er keine Macht. Hier ist die Luft noch nicht verpestet, sondern süß und gut." Er fuhr sich mit der freien Hand unter das Hemd und kratzte sich. Schon seit Tagen juckte es ihn am ganzen Körper, er wusste schon nicht mehr, ob der Schweiß auf seiner Haut oder die Mücken, die in der warmen Luft über ihn herfielen, oder die Flöhe daran schuld waren, die sich in seinen Kleidern eingenistet hatten.

Neidisch musterte er das Tier, das unbeirrt neben ihm einhertrottete. „An dein dickes Fell gehen sie wohl nicht, die Flöhe, was? Ein schöner Diener bist du! Deinen Herrn lässt du den Wirt für diese gefräßigen Bestien machen ..." Er verstummte. Direkt über ihnen, noch verhalten und leise, grollte der Donner. Ein heftiger, warmer Wind kam auf, wie aus dem Nichts, und fuhr durch die Bäume, dass das Laub rauschte und morsche Zweige zu Boden fielen.

Der Alte fuhr zusammen und blieb stehen. „Kennst du den Wind?", flüsterte er furchtsam. „Das ist der Wind, der aus dem Süden kommt. Der den Pesthauch mit sich bringt. Er hat uns wieder eingeholt. Schnell, weiter, weiter!" Er zog am Zügel und schritt so schnell voran, wie es ihm seine schwere Last und das Maultier erlaubten.

Dann brach das Gewitter los. Donner und Blitze tobten über ihnen. Mal war es so finster, dass der Weg nur durch die schwarzen Schatten der Bäume markiert wurde, mal war er einen Lidschlag lang in grellweißes Licht getaucht. Der Regen prasselte so heftig herab, dass das dichte Blätterdach der Buchen keinen Schutz bot; nach wenigen Augenblicken troff dem Maultier das Wasser aus dem Fell und der alte Mann war bis auf die Haut durchnässt. Aber der Wind schlief ein, so schnell wie er gekommen war, und die Luft wurde frisch und kühl. Der Alte begann seine Furcht zu vergessen. Er wusste längst nicht mehr, ob er noch auf dem Weg war, aber bergauf musste es gehen und bergauf ging es. Den Rest würde das Maultier schon machen.

Und wirklich, nach einer letzten steilen Kurve ragten über ihnen, hinter Regenschleier und Dämmerschatten kaum noch erkennbar, die Mauern des Klosters Marienberg empor.

„Wir haben es geschafft", freute sich der Alte. Die letzten Schritte gingen wie von selbst. Als sie schließlich vor dem Tor standen, griff er in einen Beutel, der an seinem Gürtel hing, und zog einen Kanten Brot hervor. „Das letzte Stück", sagte er. „Schau, durch den Regen ist es sogar wieder ein bisschen weich geworden. Nimm es. Du hast es verdient." Er schob dem Tier das Brot ins Maul, dann holte er aus und schlug mit der geballten Faust gegen das Tor – einmal, zweimal, dreimal.

Es dauerte eine Weile, bis sich jenseits der Mauer etwas rührte. Endlich kamen Schritte näher, zwei Riegel wurden zurückgeschoben. Das Tor öffnete sich einen Spalt und ein

Konverse steckte seinen Kopf heraus. Als er sah, wer draußen stand, verzog sich sein Gesicht zu einem breiten Grinsen und er öffnete das Tor weit.

„Du bist es?", strahlte er. „Gott allein weiß, wann sich das letzte Mal jemand zu uns herauf verirrt hat. Du hast bestimmt eine Menge zu erzählen. Und bestimmt erlaubt der Vater Abt auch, dass wir uns von dem, was du mitgebracht hast, etwas aussuchen ..., aber nein", verbesserte er sich, und das Grinsen wich einer missmutigen Grimasse, „wohl doch nicht. Du bist lang nicht mehr hier gewesen. Unser alter Abt ist gestorben, und der neue, der stellt die Regel über alles. Erst kommt die Mönchsregel, verstehst du, und dann der Mönch. Doch jetzt komm erst mal rein." Seine Miene hellte sich wieder auf. „Eine ordentliche Mahlzeit, ein Bett und ein Platz im Stall für dein Tier werden dir jedenfalls nicht verweigert." Er führte seinen Gast in den Hof. „Warte einen Augenblick", bat er dann. „Es ist schon dunkel, ich hole Licht."

Seine Schritte verklangen, es wurde still. Kein Mensch war zu sehen. Der Regen hatte aufgehört. Nebelschwaden dampften aus dem Wald und verhüllten den Himmel. Beklommen starrte der alte Mann auf die Wand der Kirche, die vor ihm aufragte und mit den anderen Gebäuden der Klausur in der Dunkelheit zu einer gewaltigen schwarzen Mauer verschmolz. Auf einmal schien es ihm, als ob all die Jahre seines Lebens, in denen er gewandert war, hierhin und dorthin, um sein Brot zu verdienen, um Menschen zu treffen oder zu meiden, um zu schauen und seine Tage auszufüllen, nur Umwege durch die Zeit gewesen seien; als ob es ihm von Anfang an bestimmt gewesen sei, vor diese schwarze Mauer zu gelangen. Dahinter ist nichts mehr, dachte er. Weiter kannst du nicht gehen. Du bist am Ziel. Traurigkeit überkam ihn; er barg das Gesicht am Hals seines Tieres.

Dann lauschte er. Von fern, von jenseits der Mauer drang gedämpfter Gesang durch die Stille, der feierliche Gleichklang von Männerstimmen.

„Hörst du", sagte er, „die Mönche. Sie feiern die Komplet."

Er hob den Kopf und sah ein Licht in der schwarzen Wand flackern. Es wurde ruhiger, heller, und dann schimmerte die Rosette über dem Portal der Kirche warm und tröstlich zu ihm herüber.

„Es gibt doch einen Weg hindurch", sagte der Alte zu sich selbst und richtete sich entschlossen auf. „He, Stefan, wo bleibst du denn?", rief er dem Laienbruder zu, als der endlich, eine Fackel in der Hand, über den Hof kam. „Ist das vielleicht eine Art, seine Gäste warten zu lassen?"

„Du hast Recht, verzeih mir", erwiderte Bruder Stefan, „aber wir sind auf Besuch gar nicht mehr eingerichtet. Wochen ist es her, dass jemand hier war. Deshalb habe ich in der Küche Bescheid gesagt, dass wir einen Esser mehr haben. Außerdem", er dämpfte seine Stimme, „habe ich ein bisschen getrödelt, so muss ich nicht mehr an der Komplet teilnehmen. Der Herr Abt hat mir erlaubt, ausnahmsweise, dass ich mich um dich kümmere. Morgen will er dich sehen. Auch große Herren sind nämlich neugierig, sogar, wenn sie sich ganz unserm Herrgott geweiht haben. Und jetzt lass uns das Tier versorgen! Hinterher bring ich dich in deine Unterkunft. Du hast das ganze Gästehaus für dich allein!“ Er nahm dem Alten die Zügel aus der Hand und ging auf den Stall zu.

Einige Zeit später hockte der alte Mann neben seinem Maultier im Stall. Auf dem Boden flackerte ein Kerzenstumpf, ein großer Krug mit Wasser und ein sauberes Tuch lagen bereit.

Es war warm und es roch nach Stroh und Mist, rechts und links von ihm schnaubten und stampften die Pferde des Klosters, kräftige, ruhige Tiere die meisten, eher zum Arbeiten als zum Reiten bestimmt.

„Er wollte mich in einem richtigen Bett schlafen lassen“, erzählte er flüsternd. „Aber ich wäre dort ganz allein gewesen neben einem Dutzend anderer Betten, die alle leer sind. Stell dir vor, ein Dutzend Betten, aber niemand atmet, niemand schnarcht, niemand rührt sich. Wie auf dem Totenacker wäre das gewesen, wo alle ganz still sind, bei ihrem letzten, langen Schlaf. Nein, da wollte ich lieber bei dir sein. Ich weiß gar nicht mehr, wann ich das letzte Mal eine Nacht ohne dich zugebracht habe.“ Er streichelte dem Tier die braune Flanke.

Dann sah er wehmütig zu seiner Kiepe, den Bündeln und Säcken hinüber, die an der Stallwand lehnten. „Ein großes Geschäft werden wir hier wohl auch nicht machen“, seufzte er. „Draußen war es der schwarze Tod und hier drinnen ist es der schwarze Geiz des Herrn Abt, der uns daran hindert. Beide führen dazu, dass die Menschen wohl oder übel mit wenig zufrieden sein müssen – wir haben den Schaden davon! Aber egal –", er erhob sich ächzend, „ich bin satt und du bist satt und das Bier war gut. Jetzt werd ich mir noch den Schweiß vom Körper waschen und dann schlaf ich wie ein Kind."

Mühsam streifte er die Schuhe ab, wickelte die Lappen von den Füßen, schlüpfte aus Kittel und Hemd. „Mir ist schwindlig", murmelte er, „kann mich kaum auf den Beinen halten." Er schwankte und wäre hingefallen, hätte ihm nicht der Leib des Maultiers Halt gegeben. „Siehst du, wie gut es ist, dass ich zu dir gekommen bin. Hab wohl zu viel von dem guten Bier gesoffen."

Vorsichtig ließ er sich an einem Bein des Tiers zu Boden gleiten. „Halt schön still", befahl er, tauchte das Tuch in den Krug und begann sich abzuwaschen.

Plötzlich stutzte er und blinzelte im trüben Licht des Kerzchens. Auf der linken Seite seines Bauchs sah er Flecken, unregelmäßig geformt, fast schwarz. Er zählte sie, acht waren es. „Dass der Dreck auf dem Hemd ist, versteh ich", brummte er. „Aber unter dem Hemd?" Er machte das Tuch ordentlich nass und rieb heftig auf den Flecken herum. Sie gingen nicht weg.

Schließlich gab er es auf. „Dreck tut nicht weh." Wieder tätschelte er sein Tier. „Sonst müsstest du vor Schmerzen wimmern, so wie deine Hinterbacken aussehn!" Er kroch fröstelnd in sein Hemd, dann blies er die Kerze aus und rollte sich auf die Seite. „Gute Nacht, alter Freund!"

Das Tier, das diesen Gruß wohl schon gewohnt war, schnaubte leise.

Noch einmal klang die Stimme des alten Mannes durch Dunkelheit und Stille: „Ich danke dir, barmherzige Jungfrau Maria, dass du mich auf dem Weg bis hierher geleitet hast und dass du mich bewahrt hast vor der schrecklichen Krankheit, die so viele Menschen befallen hat. Vergib mir armem Sünder, dass ich nicht in der Kirche zu dir gebetet und dir ein Opfer gebracht habe. Aber ich war so müde, die Glieder taten mir weh ... Morgen will ich es ...“ Die letzten Worte versanken im schweren Atem des Alten; er war eingeschlafen.

Der Schlaf ging nicht allmählich, wie ein guter Freund, der sich verabschiedet; er floh wie von Dämonen und Höllenfratzen vertrieben: Der Alte war wach. Einen Moment lang fühlte er nur das rasende Schlagen seines Herzens und die namenlose Furcht, die seine Eingeweide zusammenpresste. Dann kam der Schmerz, erst wie der Stich eines glühenden Messers, grausam und kurz, dann, kaum dass die Zeit zum Atemholen und Schreien reichte, lang anhaltend und so qualvoll, dass der Alte leise wimmerte. Zitternd glitten seine Hände unter das Hemd, die Beine hinauf, dem Zentrum des Schmerzes entgegen. In den Falten zwischen Bauch und Oberschenkeln fanden sie taubeneigroße Beulen, betasteten sie wie etwas Fremdes, Unwirkliches und zuckten zurück, als der Alte begriffen hatte: der schwarze Tod. Die Beulen wuchsen aus seinen Leisten, sie hatten seinen Körper vergiftet, und in wenigen Tagen würde er verrecken, gehasst und allein gelassen von den Gesunden. Der schwarze Tod! Die Angst kämpfte mit den Schmerzen um die Vorherrschaft in den Gedanken des Alten. Der schwarze Tod, der schwarze Tod. Schließlich gewann sie die Oberhand. Nach wie vor tobten die Schmerzen in seinen Leisten, aber was sein Bewusstsein erfüllte, war nur noch die Angst vor dem plötzlichen Ende. Der schwarze Tod!

Stöhnend warf sich der alte Mann auf seinem Strohlager hin und her. Er tastete nach seinem Maultier um seine tröstliche Wärme zu fühlen, aber er fand es nicht, denn es hatte die Angst seines Herrn gespürt und sich verstört an die Wand des Stalls gedrückt. So schaute er blind in das Dunkel und wartete ...

Endlich, als der Morgen dämmerte und ein fahler Schein durch die schmalen Fensteröffnungen auf das Gesicht des Alten fiel, löste sich seine Erstarrung für eine Weile, und er begann zu beten.

Am nächsten Morgen, lang nachdem sich die Mönche zur Terz in der Kirche versammelt hatten, kam Stefan, der Laienbruder, um nach seinem Gast zu sehen. „He, Alter", rief er und stieß die Flügel des Stalltors weit auf, „schau, die Sonne scheint; wer wird einen solchen Tag mit der Nase im Pferdemist verbringen? Und überhaupt – wolltest du nicht mit uns in die Kirche gehn?"

Er bekam keine Antwort.

„He, hörst du nicht?", fuhr er fort. „Glaubst du, du darfst die heilige Jungfrau nicht vor dem Mittagessen belästigen? Du irrst dich, sage ich dir, wir wecken sie schon um Mitternacht auf, und sie hat es uns noch nicht einmal krumm genommen!"

Immer noch antwortete niemand.

„Jetzt mach aber schon!" Der Bruder blinzelte in das matte Licht, „ich habe einen Becher Bier und krachfrisches Brot dabei!" Als er immer noch nichts hörte, stellte er Brot und Becher auf den Boden und ging ungeduldig auf die Ecke des Stalls zu, wo der Alte und sein Maultier untergebracht waren.

„O du mein Gott!", flüsterte er, als er den alten Mann sah, die Augen weit offen und starr wie die eines Toten, das Gesicht verzerrt und der hagere Leib von Fieberschauern geschüttelt. „Was hast du? Was fehlt dir?"

Der Mund des Kranken öffnete und schloss sich, als ob er sich bemühte eine Antwort zu geben. Der Mönch beugte sich über ihn und strich ihm sanft über die Stirn. „Was willst du sagen?"

Wieder öffnete der Alte den Mund und diesmal verstand Stefan, was er kaum hörbar murmelte: „Die schwarze Mauer ist nicht undurchdringlich ..., da ist eine Öffnung ... voll Licht und Wärme ... Bitte, lass mich hindurchgehn ..., bitte." Sein Atem ging rasselnd, er hustete.

Stefan spürte, dass unzählige feine Tröpfchen sein Gesicht benetzten und wischte sie nachlässig ab. Als er sah, dass die Lippen des Alten trocken und rissig waren, goss er ein wenig Wasser aus dem Krug in seine Hand und träufelte es ihm vorsichtig in den Mund. Die Flüssigkeit belebte den Kranken, sein starrer Blick wurde klar.

„Ach Stefan, du bist es", sagte er leise. Dann bäumte er sich mit plötzlicher Kraft auf und streckte dem Bruder abwehrend die Hände entgegen. „Geh fort!", rief er heiser,

„Geh fort! Ich habe die Pest!" Als wollte er seinen Worten Nachdruck verleihen, zog er sein Hemd nach oben. Entsetzt sah der Mönch die schwarzen Flecken auf dem Bauch und die prallen, gelblich roten Beulen in den Leisten.

„Geh fort!", wiederholte der Alte, wenn du hier bleibst, wird der schwarze Tod über dich kommen. Geh, ich bitte dich!"

Stefan schüttelte den Kopf. „Ich darf doch nicht weglaufen, wenn ich dir vielleicht helfen kann", sagte er. „Aber die Kraft des Alten war erschöpft, er hatte die Augen geschlossen und wimmerte nur noch.

Ratlos schaute Stefan auf ihn nieder. Er war nur ein einfacher Laienbruder und verstand nichts von Krankheiten. Die Pest, das hatte er wohl gehört, war eine gefährliche Krankheit. Hätte er gewusst, dass der schwarze Tod die Hand nach den meisten ausstreckte, die mit einem Kranken in Berührung kamen, vielleicht hätte auch ihn der Mut verlassen. So aber fühlte er nur Mitleid mit dem alten Mann. Er wusch ihm das Gesicht und bettete seinen Kopf auf eines der herumliegenden Bündel. Dann eilte er hinaus um den Medicus zu holen.

# 2

Sorgsam rührte Thomas die Flüssigkeit um, die in einem irdenen Topf auf dem Kohlenbecken sachte vor sich hin simmerte. Ab und zu hielt er die Nase in den aufsteigenden Dampf. Er roch nicht schlecht, der Erkältungssaft des Pater Medicus. Wein und Honig waren drin, Thymian, Pfefferminze, Lindenblüten und Anis. Wenn der Herbst erst gekommen war, würde man Unmengen davon brauchen.

Vorsichtig hob er den Schöpflöffel heraus und blies ein paar Mal hinein. Dann schlürfte er den Saft genießerisch in sich hinein. Ah, wie schön das wärmte! Er nahm noch einen zweiten und einen dritten Löffel, prüfte den Stand der Flüssigkeit und genehmigte sich noch einen vierten.

Wenn er mehr trank, würde es vielleicht auffallen. Denn natürlich war es verboten, eine Arznei ohne Notwendigkeit, nur weil sie einem schmeckte, zu sich zu nehmen. Aber es gab hier ja fast nichts, was nicht verboten war.

Thomas seufzte, tauchte den Löffel wieder ein und rührte weiter, wie es seine Pflicht war. Er war ein großer, kräftiger Junge von fünfzehn; zu seinem kantigen Gesicht mit den neugierigen braunen Augen, der kurzen, aufgeworfenen Nase und dem energischen Mund schien die Novizentracht nicht recht zu passen. Und in seinem Inneren sah es nicht anders aus: Mit den strengen Ordensregeln konnte und wollte er sich einfach nicht abfinden. Und dass der Hauptzweck des Daseins in Beten und Singen und in der Erforschung des göttlichen Wortes liegen sollte, sah er auch nicht ein. Konnte man nicht so viele andere Dinge zur höheren Ehre Gottes tun?

Vor einem Dreivierteljahr war er ins Kloster Marienberg gekommen. Mit Händen und Füßen hatte er sich gesträubt. Aber was blieb einem zweitgeborenen Sohn anderes übrig, dessen Vater zwar genug besaß um ihn mit Hilfe einer ordentlichen Schenkung im Kloster unterzubringen, dessen Land aber nur für einen einzigen Erben reichte?

Jetzt war er also hier, hatte Lesen und Schreiben gelernt, war im Stande, eine halbwegs vernünftige Unterhaltung auf Latein zu führen und ließ Tag für Tag das Leben über sich ergehen, auf dessen Rhythmus er keinerlei Einfluss nehmen durfte: achtmal am Tag und in der Nacht das Stundengebet in der Kirche, dazwischen lesen und studieren, ein bisschen essen und trinken, wenig reden und wenig schlafen – in immer gleicher Abfolge, nur bei hohen Feiertagen ging es etwas anders zu.

Eine Sache freilich gab es, die ihm das Klosterleben erträglicher machte: In der verbleibenden Zeit war er dem Medicus des Klosters zugeteilt um ihm zur Hand zu gehen, und das tat er gern. Das war doch etwas: Aus Grünzeug und Wurzeln, Samen und Blüten Arzneien herzustellen, die die Leiden der Kranken linderten. Einem Fiebernden die

Hitze aus dem Leib zu treiben. Einem Sterbenden die Schmerzen zu nehmen. Das zu beherrschen, fand Thomas, war doch erheblich nützlicher als eine hoch gelehrte Abhandlung darüber zu schreiben, warum man Gott über alles lieb haben müsse.

So rührte er also weiter und überlegte gerade, ob er nicht noch ein Löffelchen versuchen sollte, als die Tür aufging und der Pater Medicus das Arztzimmer betrat. Er war ein ernster, strenger Mann, der keine Nachlässigkeit duldete.

Er trat an das Becken und musterte erst die brodelnde Flüssigkeit und dann seinen Schüler ungnädig. „Na“, meinte er, „das ist ja wieder deutlich weniger geworden.“

Thomas wurde rot, aber der Medicus schien es nicht zu bemerken.

„Die Hitze scheint etwas zu groß zu sein“, fuhr der Mönch fort und rückte den Topf ein Stück von der Glut. „Da verdampft zu viel.“

Thomas atmete erleichtert auf. Das war offenbar gut gegangen. Doch sein Meister hatte anderes zu bemängeln. „Da, die Johanniskrautblüten“, sagte er stirnrunzelnd, „sie sind nicht sauber genug gezupft. Das Grüne ...“ Weiter kam er nicht.

Die Tür sprang auf und Stefan stürzte herein. „Der alte Mann“, stieß er hervor, „Ihr wisst schon, der Händler, der uns fast jedes Jahr besucht, er ist krank ..., er hat die Pest!“

Der Medicus wurde blass. „Red keinen Unsinn“, herrschte er den Bruder an. „Beschreib sein Aussehen!“

Stefan berichtete, wie er den Alten vorgefunden hatte. Als er geendet hatte, war dem Pater seine Bestürzung anzusehen. Lang stand er reglos da und dachte nach. Schließlich kam er zu einem Entschluss. Er nahm drei große Tücher von einem der Wandregale, reichte den beiden Mönchen je eines und befahl: „Legt das an, seht her, so!" Er band sich das Tuch so vor das Gesicht, dass Nase und Mund bedeckt waren. Als sie es ihm nachgemacht hatten, schritt er zur Tür und wandte sich um. „Folgt mir", sagte er schroff, „aber was auch geschieht: Haltet euch von dem Kranken fern! Ihr dürft niemals in den Bereich seines Atems kommen und keine Wunde an seinem Körper berühren. Habt ihr verstanden?"

„Aber, ich ...", wollte Thomas einwenden, doch der Medicus schrie: „Tu, was ich dir sage!" Er schritt hastig davon, die beiden Mönche folgten ihm beklommen. Sie durchquerten Besuchszimmer und Kapitelsaal, eilten durch den Kreuzgang aus der Klausur und überquerten den Hof, an dessen anderem Ende die Stallungen lagen.

„Wo liegt er?", fragte der Medicus, als sie den Stall betreten hatten. „Dort hinten, in der Ecke", antwortete Stefan. Wortlos ging der Pater weiter. Als sie sich dem Kranken bis auf zehn Schritt genähert hatten, befahl er: „Bleibt hier stehen!" Dann trat er zu dem Alten und kniete bei ihm nieder. „Wie geht es dir, mein Freund?", fragte er. Seine Stimme war wie verwandelt, sie klang sanft und liebevoll.

Der Alte rutschte unruhig auf seinem Strohlager hin und her. Seine Hände öffneten und schlossen sich krampfhaft, sein Atem ging pfeifend. „Schafft mich hier raus", flüsterte er mühsam. „Tragt mich weit vor das Kloster, und dort lasst mich liegen, sonst seid ihr alle tot!"

„Das werden wir nicht tun", erwiderte der Pater freundlich. „Wird nicht Christus einst sagen: ‚Ich war fremd und ihr habt mich beherbergt.' Müssen wir da nicht jeden aufnehmen, wie wir Ihn selbst aufnehmen würden? So gebietet es uns unsere Regel und unser Herz auch."

Thomas hörte die Worte und fühlte eine tiefe Zuneigung für den Mann, der sie gesprochen hatte. War das der Sinn, der hinter all den Gebeten und Vorschriften, dem Zwang und der Disziplin steckte? Dass man lernte, die Menschen zu lieben und Erbarmen mit ihnen zu haben, auch wenn man sich selbst in größte Gefahr brachte? O ja, er wollte bei dem Kranken niederknien und ihm helfen; doch der Respekt vor dem Gebot seines Lehrers hielt ihn zurück – und auch die Furcht, die er empfand. Denn über dem Lager des Alten hing ein Geruch, der den des Pferdemists und des Strohs überdeckte: ein Geruch nach Fäulnis und Tod.

Der Medicus zog ein paar feine wollene Fingerhandschuhe aus der Tasche, zog sie über und untersuchte den Kranken. Dann hob er ihn mühelos auf. „Geht voraus und öffnet mir alle Türen", wies er seine Helfer an. „Ich schaffe ihn ins Gästehaus."

Froh etwas tun zu können, taten die beiden, was er verlangte.

Im Gästehaus legte der Pater den Kranken behutsam auf eines der Betten. Der Alte hustete qualvoll, er schien nur mühsam atmen zu können; hellroter Schaum drang über seine Lippen. Er versuchte etwas zu sagen, aber er konnte nicht. Nur seine Augen blickten den Arzt flehend an.

Der schüttelte traurig den Kopf. „Ich glaube nicht, dass

ich dir noch helfen kann", murmelte er. „Die giftigen Säfte scheinen bereits den ganzen Körper durchdrungen zu haben. Aber – versuchen will ich es." Er wandte den Kopf. „Holt mir heißes Wasser, saubere Tücher, die Aderlass-Schale und ein scharfes Messer, außerdem ...", er überlegte, „nein, zum Erbrechen oder für einen Einlauf ist er schon zu schwach ..., außerdem Mohnsirup und Essigwasser. Und macht sämtliche Fenster auf, damit er frische Luft bekommt. Ach ja, und verständigt den Abt!"

Wenig später stand alles bereit, was er gewünscht hatte. Er legte dem Alten stützend einen Arm unter den Kopf, hielt ihm einen Becher mit Mohnsaft an die Lippen und versuchte ihm etwas davon einzuflößen; doch fast alles rann ihm aus den Mundwinkeln und tropfte auf das Laken.

„Gebt mir einen Löffel!", befahl der Arzt. „Du musst trinken", beschwor er den Kranken, „schluck davon so viel du kannst. Das hilft dir gegen deine Schmerzen." Leise fügte er hinzu: „Und vielleicht wird es dir das Sterben erleichtern."

Der alte Mann öffnete den Mund, und Löffel für Löffel flößte ihm der Medicus den Sirup ein. Das dauerte lang, denn immer wieder wurde der Kranke von würgendem Husten und Atemnot gepeinigt, aber endlich war der Becher leer.

„Das wird ihn, denke ich, beruhigen", meinte der Medicus. „Dennoch, was ich jetzt machen muss, wird ihm sehr wehtun. Ich werde euch nicht befehlen mir zu helfen, denn es könnte euch selbst in große Gefahr bringen. Wollt ihr es trotzdem tun?"

Die beiden Jungen nickten. Wie hätten sie abseits stehen können, wo er doch keine Furcht zeigte?

„Also gut", sagte der Arzt. „Stefan, du warst wohl schon sehr nah bei ihm. Da ist es besser, du bleibst jetzt möglichst weit weg, damit du den giftigen Ausdünstungen der Krankheit nicht mehrfach ausgesetzt wirst. Pack ihn also bei den Knöcheln und halt ihn fest. Du, Thomas, nimm ihn bei den Schultern und drück ihn auf das Bett. Aber haltet beide um Gottes willen den Kopf abgewandt und achtet darauf, dass eure Tücher richtig sitzen! Verstanden?"

Wortlos umklammerten die beiden den Kranken an Schultern und Beinen und blickten gehorsam in die andere Richtung. Gleich darauf stieß der Alte einen schrillen Schrei aus und bäumte sich auf.

Halb war es Neugier, halb war es die Pein des Alten, die ihm noch unerträglicher schien, wenn er sie nur hörte – Thomas konnte nicht anders, er musste hinsehen. Der Kranke lag jetzt bleich und mit geschlossenen Augen da. Sein Atem rasselte, seine Brust hob und senkte sich unregelmäßig.

Der Medicus hatte mit zwei raschen, tiefen Schnitten die Beulen geöffnet. Eiter und dunkles, fast schwarzes Blut quollen heraus, ein Geruch stieg Thomas trotz des schützenden Tuchs in die Nase, so ekelhaft, dass er sich fast erbrechen musste.

Plötzlich blickte der Medicus auf. „Ich hab's mir fast gedacht", sagte er und lächelte schwach. „Wenn man jung ist, dann siegt fast immer die Neugier über die Angst. Aber vielleicht ist das ganz gut so. Vielleicht hast du auch das

Zeug zum Medicus; jetzt siehst du, was auf dich zukommt."

Inzwischen hatte sich auch Stefan umgedreht. Der Pater nahm es stirnrunzelnd zur Kenntnis, sagte aber nichts, sondern wandte sich wieder dem Kranken zu. Er wusch die Wunden mit heißem Wasser aus und träufelte dann Essig hinein.

„Das reinigt, zieht die Wundränder zusammen und zersetzt außerdem die schädlichen Säfte", erklärte er seinen Helfern. Als der Alte leise stöhnte, strich er ihm sanft über den Bauch. „Gleich ist es überstanden, mein Freund."

Er legte zwei Tücher zu weichen Polstern zusammen, legte sie über die Wunden und band sie mit Stoffstreifen fest. Dann ließ er den Kranken an beiden Oberarmen zur Ader.

„Fertig", seufzte er erleichtert, „mehr kann ich nicht für ihn tun, ob er es übersteht, liegt allein in Gottes Hand. Das Blut und das schmutzige Wasser gießt vor den Mauern des Klosters aus, die Tücher verbrennt. Besorgt dann noch vier Schemel aus der Bibliothek oder dem Refektorium. Wir wollen den Kranken hoch lagern, damit seine Atemluft nach oben steigt; vielleicht können wir damit die Gefahr der Ansteckung verringern. Ich werde hier bleiben und für ihn beten."

Stunden später betrat Thomas leise den Schlafraum des Gästehauses. Der alte Mann lag reglos im Bett, das jetzt auf vier Stühlen ruhte. Nur sein Röcheln verriet, dass er noch lebte. Zu seinen Füßen saß der Medicus, seine Augen waren geschlossen, seine Hände lagen ineinander. Ohne die Augen zu öffnen, fragte er: „Bist du es, Thomas? Was willst du?"

„Ich ..., darf ich bei Euch bleiben?", bat der Junge. Als keine Antwort kam, fügte er eifrig hinzu: „Der Vater Abt hat mich von allen Diensten befreit, damit ich Euch zur Hand gehen kann."

„Ja, wenn das so ist", meinte der Medicus, schlug die Augen auf und lächelte, „kann ich wohl kaum etwas dagegen sagen. Setz dich auf den Boden, dann kannst du dich an meinen Stuhl lehnen."

Und ich muss auf diese Weise die verdorbene Luft nicht einatmen, dachte Thomas. Langsam lerne ich hinter deinen Worten die Gedanken zu erraten. Laut sagte er: „Es hat große Aufregung gegeben wegen der Pest. Kein Bruder hat sich mehr an das Schweigegebot gehalten ..., bis der Herr Abt allen Brüdern verboten hat, weiter darüber zu reden. Jeder muss seinen Dienst weiter so tun, als ob nichts geschehen wäre. Niemand darf ein Stundengebet versäumen – wir beide sind die einzigen Ausnahmen. Der Herr Abt wird bald kommen und nach dem Kranken sehen."

Der Medicus nickte nur und vertiefte sich wieder in sein Gebet.

Thomas versuchte, es ihm nachzutun, aber er hielt das Schweigen nicht lange aus. „Verzeiht, ich will Euch nicht stören", begann er langsam, „aber warum habt Ihr eigentlich gar keine Angst?"

„Ich und keine Angst?", fragte der Medicus erstaunt. „Selbstverständlich habe ich Angst. Jeder vernünftige

Mensch hat Angst. Sonst ist er nämlich dümmer als das Maultier des Alten da, denn sogar das fürchtet sich. Man muss nur lernen sie zu bezwingen, wenn es nötig ist. Und du, hast du keine Angst?"

„O doch, Vater, und wie ich Angst habe."

„Na also. Und auch dir merkt man sie nicht an – du überwindest sie folglich. Du kannst das, ich hab's dir schon einmal gesagt, weil du neugierig bist. Aber auch, weil du den Schrecken dieser Krankheit nicht ermessen kannst, denn du bist ihr bis heute noch nie begegnet. Aber du kannst vor allem deshalb deine Angst bezwingen, weil du auf Gott vertraust."

„Und auf Euch", warf Thomas ein.

„Da hast du deinen Mut auf schwankenden Boden gegründet", seufzte der Medicus. „Was ich gegen diese Krankheit tun kann, das ist so, wie wenn du einem Verdurstenden mit einem Tautropfen die Lippen benetzt. Nein, nur auf Gott kannst du wirklich vertrauen."

„Aber ..." Thomas zögerte. „Wenn Gott uns alle sterben lässt, wäre es dann nicht besser gewesen, wir hätten Ihm nicht vertraut, sondern unserer Angst nachgegeben und wären so schnell wie möglich davongelaufen?"

Die Miene des Arztes wurde streng. „Was redest du da!", rief er barsch, dämpfte aber, mit einem Blick auf den Kranken, seine Stimme sogleich wieder. „Nur durch Gott bist du, was du bist – ein Mensch. Wer bist du? Du weißt es nicht. Woher kommst du? Du weißt es nicht. Wohin führt dich dein Weg? Du weißt es nicht. Wäre da nicht Gott, der dir ein Zuhause auf der Erde gegeben, der dir bis heute deinen Weg gewiesen hat, du wärst ein armseliges, unglückliches und – verängstigtes Geschöpf, das durch Dunkelheit und Chaos irren müsste!“

Noch einmal wagte Thomas einen Einwand. „Wenn ich aber mit dem Weg nicht einverstanden wäre, den Gott mir bisher gewiesen hat?“

„Es ist Lästerung, darüber auch nur nachzudenken“, fuhr der Pater Medicus auf. „Niemals darfst du in Frage stellen, was Gott für dich bestimmt hat. Der Weg ist nicht deine Sache. Nur wie du ihn gehst, das entscheidest du selbst und das ist schon schwer genug. Doch Gott hilft dir dabei, denn er gibt dir Gebote, nach denen du dich richten kannst. Befolge sie nach Kräften, dann wirst du an dem Weg, den Gott dir weist, niemals zweifeln.“ Seine Stimme wurde milder. „Ein jeder, Thomas“, sagte er, „muss sich auf dem Platz bewähren, auf den Gott ihn gestellt hat. Ich bin wie du ein Zweitgeborener. Aber glaubst du, ich hätte geahnt, als sie mich, einen Fünfzehnjährigen, der nichts so liebte wie die Jagd und das läppische Spiel um Stärke und Ehre, in dieses Kloster gebracht haben, dass ich eines Tages Medicus sein würde? Nun, jetzt bin ich es, und was wäre ich wohl für ein Arzt, wenn ich beim ersten Mal, bei dem mein Leben in Gefahr ist, davonliefe? Nein, hier bleibe ich, denn hier weiß ich, wohin mein Weg mich führt: zu Gott.“

Er schien keine Antwort zu erwarten und Thomas gab auch keine. So saßen sie da und wachten schweigend über den Kranken, bis der Abt den Raum betrat.

Die beiden erhoben sich. „Ihr solltet nicht näher kommen, ehrwürdiger Vater“, warnte der Medicus.

„Meint Ihr?“, erwiderte der Abt kühl. „Mein Leben habe ich von Gott. Er allein bestimmt, wann ich es ihm zurückgeben muss, darauf hat dieser Unglückliche keinen Einfluss. Wenn der Zeitpunkt jetzt gekommen ist, dann ...“

„Verzeiht mir“, unterbrach der Medicus, „aber wo steht geschrieben, dass man die Gefahr herausfordern muss? Sagt nicht der heilige Benedikt, dass man den Kranken eine eigene Zelle geben soll? Wozu wäre das gut, wenn nicht, um die Gesunden vor ihnen zu schützen? Und dieser Kranke, glaubt mir, ist eine große Gefahr – für uns alle! Ich bin Arzt, mein Platz ist hier. Doch Ihr habt andere Aufgaben, ehrwürdiger Vater. Wir brauchen Euch, und zwar gesund!“

Doch der Abt schüttelte eigensinnig den Kopf und trat näher. „Die Vorschrift, die Ihr genannt habt, dient wohl eher dazu, den Kranken die nötige Ruhe zu verschaffen. Doch genug davon. Wie geht es ihm? Wird er davonkommen?“

Der Arzt zuckte hilflos mit den Schultern. „Seht ihn Euch an, ehrwürdiger Vater. Ich konnte nicht viel für ihn tun und ich glaube, er ringt mit dem Tod. Kommt ihm aber nicht so nah, dass Euch sein Atem treffen könnte, ich bitte Euch inständig!“

Der Abt kümmerte sich nicht um den gut gemeinten Rat, sondern trat an das Bett. Das Gesicht des Alten war nicht mehr blass, sondern fast dunkelrot. Dicke Schweißtropfen liefen von seiner Stirn, seine Brust zuckte und er atmete unregelmäßig, so als ob das Einsaugen der Luft eine furchtbare Anstrengung für ihn bedeutete. Blutiger Schaum stand vor seinen Lippen.

„Gott steh dir bei!“, sagte der Abt leise und zeichnete ihm ein Kreuz auf die schweißnasse Stirn. „Ich schicke den Confessarius, er soll ihm die Krankensalbung spenden. Tut für ihn, was Ihr könnt!“ Mit diesen Worten ging er hinaus.

„O Gott, warum ist dem unerschütterlichen Glauben so oft die Unvernunft beigesellt“, seufzte der Medicus. „Ohne Tuch hat er sich dem tödlichen Pesthauch ausgesetzt!“

„Er glaubt, dass er über allem steht“, sagte Thomas heftig. „Dass Leben und Sterben für ihn nichts bedeuten. Das ist Hochmut!“

„Lern du erst, was Demut bedeutet - nämlich Schweigen“, entgegnete der Medicus ruhig, wischte dem Kranken den Schweiß aus dem Gesicht und träufelte ihm kühles Wasser auf die Lippen.

Gleich darauf erschien der Beichtvater des Klosters. Nachdem sie ihn vergebens zu überreden versucht hatten, ein schützendes Tuch vor das Gesicht zu binden, gingen die beiden hinaus um ihn mit dem Sterbenden allein zu lassen.

Als er nach längerer Zeit zu ihnen in den Vorraum kam, war er sichtlich mitgenommen. „Heilige Mutter Gottes, was hat er verbrochen, dass er so leiden muss?“, stöhnte er.

„Vielleicht gar nichts“, rief Thomas. „Es ist die Krankheit, die ihn leiden lässt, nicht Gott. Wie könnte Gott so grausam sein!“

Der Medicus warf ihm einen zornigen Blick zu, aber der Confessarius schien gar nicht zu merken, dass ein vorlauter Novize ihn unterbrochen hatte. „Er wollte beichten“, fuhr er fort, „aber er brachte keinen Satz, kein zusammenhängendes Wort heraus. Er schnappte nur nach Luft wie ein

Fisch, den ein unbarmherziger Fischer aufs Land geworfen hat ohne ihn vorher zu töten. Ich musste den Willen für das Wort nehmen ..."

Ein entsetzlicher Schrei unterbrach ihn. Sie eilten in das Krankenzimmer. Der Alte krümmte sich auf dem Bett, den Mund weit aufgerissen; Blut sickerte in dünnen Rinnsalen daraus hervor. Der hagere Leib bäumte sich auf, sank zusammen, zuckte noch einmal und lag still.

Der Medicus legte dem alten Mann die Hand auf das Herz. Dann wischte er ihm das Blut vom Gesicht, faltete ihm die Hände auf der Brust und schloss ihm die Augen. „Requiem aeternam dona ei, domine", sagte er leise. „Er ist tot."

Am Abend, vor der Komplet, versammelte der Abt die Mönche im Kapitelsaal.

„Gott hat es gefallen, uns eine schwere Prüfung aufzuerlegen", sagte er. „Er will uns zeigen, dass auch wir, die wir uns, um Ihm mit ganzer Seele zu dienen, in die Abgeschiedenheit begeben haben, gegen die Gefahren der Welt nicht gefeit sind. Wir werden diese Prüfung bestehen, meine Brüder. Aber nur, wenn wir uns durch nichts in unserem Dienst an Gott beirren lassen. Deshalb darf niemand seinen Tagesablauf ändern, niemand darf ein Stundengebet versäumen, niemand eine Messe vorzeitig verlassen; es sei denn, ich ermächtige ihn dazu, um Kranken beizustehen oder weil er selbst erkrankt ist. Soweit wir wissen, hat der Verstorbene keine Verwandten, die Anspruch auf sein Erbe erheben könnten. Ich bestimme daher, dass er morgen am östlichen Rand des Klosterfriedhofs begraben wird, an seinem Jahrtag soll künftig eine Messe für das Heil seiner Seele gehalten werden. Sein Maultier bleibt in unserem Stall. Von seinen Waren wird der Cellerar aussortieren, was dem Kloster zu besitzen nützlich und angemessen ist. Der Rest soll mit seiner Bettwäsche und seinen Kleidern verbrannt werden. Bleibt standhaft und fürchtet euch nicht, Brüder. Gott ist mit uns!"

Gott ist mit uns! Thomas, der inmitten der anderen Mönche stand und den Worten des Abtes lauschte, senkte den Blick, damit die anderen den Zweifel in seinen Augen nicht sahen.

# 3

Am nächsten Tag fanden die feierlichen Exequien für den alten Händler statt, dessen Leben ein so schreckliches Ende genommen hatte. Nach dem Requiem begleiteten die Mönche ihn auf seinem letzten Weg. Der Himmel war bedeckt, ein herbstlich kühler Wind verwehte das helle „Bimbim“ des Totenglöckchens, so dass es wie das Schreien eines fernen, einsamen Vogels klang.

Sie erreichten den kleinen Friedhof und scharten sich schweigend um das offene Grab. Als der Sarg langsam in die Grube gesenkt wurde, spürte Thomas, wie ihm das Herz schwer wurde.

Mit gesenkten Lidern beobachtete er seine Mitbrüder. Den Abt, dessen verschlossenes Gesicht kein Gefühl verriet, keine Trauer, keine Angst, keine Gleichgültigkeit. Stefan, der sich die Tränen aus den Augen wischte; den Confessarius, dessen Lippen sich bewegten, als ob er lautlos betete, und den Medicus, der mit sorgenvoller Miene vor sich hin starrte.

Und er sah die anderen, die Gemeinschaft der Mönche, die Laienbrüder, die Novizen, sah ihre unruhigen Bewegungen, ihre verstörten Blicke. Da ahnte er, dass sie dasselbe fühlten wie er. Nicht Trauer um den Alten, den die meisten wohl kaum gekannt hatten, sondern Furcht; die Furcht, die einer empfindet, wenn er das eigene Ende vorhersieht.

Mit dumpfem Klang schlug die Erde auf dem hölzernen Sargdeckel auf, bis er bedeckt war, dann traf Erde auf Erde, das Grab füllte sich. Der Abt sprach ein letztes Gebet und verneigte sich vor dem Toten. Dann war es vorbei. Langsam gingen die Mönche zurück zum Kloster, zurück zu ihrem Alltag mit seinen Regeln und Pflichten. Der Wind wurde stärker und trieb das letzte „Bimbim" der Totenglocke vor sich her, über die Klostermauern in den wolkenverhangenen Himmel, wo es verklang.

Zwei Tage lang ging das Leben im Kloster weiter, als ob nichts geschehen wäre. Am Mittag des dritten brach Stefan, der Laienbruder, zusammen, als er die Patres bei Tisch bediente.

Der Medicus sprang auf, bevor jemand noch recht begriffen hatte, was geschehen war, hockte sich zu ihm nieder und hob ihn auf, sodass der Kopf Stefans an seiner Schulter ruhte und das Gesicht verborgen blieb. „Ein Schwächeanfall, sonst nichts", rief er über die Schulter und schritt rasch hinaus.

Thomas erhob sich und lief ihm nach. Er spürte wohl die missbilligenden Blicke – aber war er nicht der Gehilfe des Medicus? Er folgte ihm in das Krankenzimmer. Dort legte der Arzt den Bruder auf eines der Betten. Dann fuhr er wütend herum.

„Verschwinde!“, herrschte er Thomas an.

„Warum – wenn es doch nur ein Schwächeanfall ist?“, fragte der Junge ruhig.

Einen Moment lang sahen sich die beiden in die Augen wie zwei Gegner, die ihre Kräfte abschätzen. Dann gab der Medicus nach. „Als ob du nicht wüsstest, dass das kein Schwächeanfall ist“, entgegnete er niedergeschlagen. Er zog zwei Tücher aus der Kutte, legte eines an und warf das andere dem Jungen zu.

„Sieh her!“ Er wandte sich dem Kranken zu, der leise röchelte und vor dessen Lippen blutig roter Schaum stand. Mit raschen Bewegungen nestelte er ihm die Kutte auf und schob ihm das Hemd bis über die Brust nach oben. Kein schwarzer Fleck verunstaltete die Haut.

Der Medicus deutete auf die Leisten und dann auf die Achselbeugen Stefans. Die Haut war weiß und makellos. „An diesen Stellen wachsen die Beulen aus der Haut, wenn ein Mensch an der Bubonenpest erkrankt ist. Bei allem, was ich über diese furchtbare Krankheit weiß, ist sie manchmal – manchmal, sage ich – heilbar, wenn sie mit solchen Beulen beginnt und man diese rechtzeitig öffnet. Hat der Pesthauch erst die Lunge, das Herz und die Leber erreicht, ist jede Hilfe vergeblich, wie bei dem Alten, den wir vor drei Tagen begraben haben. In ganz schlimmen Fällen greift die tödliche Fäulnis direkt die inneren Organe an. Dann gibt es keine Rettung. So ist es bei Stefan; ich nehme an, er hat sich am Atem des alten Mannes vergiftet, als er ihn im Stall gefunden hat. Binnen zwölf Stunden ist er tot und sein Tod wird nicht leichter sein als der des Alten.“

„Aber der Vater Abt und der Confessarius ..., heißt das nicht ...“ Thomas ließ seinen Satz unvollendet, doch der Medicus führte ihn grimmig fort: „Dass sie in höchster Gefahr schweben und mit ihnen jeder im Kloster? Ja, das heißt es, mein Sohn. Und wenn ich dir raten soll: Pack deine Sachen und verschwinde! Du bist Novize, hast noch kein ewiges Gelübde abgelegt, niemand wird dich aufhalten!“

Thomas sah ihn sprachlos an. Es musste wirklich schlimm stehen, wenn dieser Mann, der so streng auf die Klosterzucht achtete, einen solchen Vorschlag machte.

Mach, was er sagt!, rief ihm eine innere Stimme zu. Geh fort, ehe es zu spät ist. Warum willst du hier sinnlos sterben, hier, wohin du nie wolltest?

Er legte dem Medicus die Hand auf den Arm, zaghaft, als ob er sich der Berührung schämte. „Gott hat das Kloster verlassen“, sagte er leise, „also muss ich wenigstens bei Euch bleiben.“

Der Arzt schüttelte lächelnd den Kopf und strich über die Hand, die auf seinem Arm lag. „O nein“, erwiderte er. „Gott hat das Kloster nicht verlassen. Dass du bleibst, ist schon der Beweis dafür. Ich danke dir. Und jetzt hilf mir den Kranken zu versorgen.“

Aber es schien wirklich so, als ob Gott seine Diener auf dem Marienberg verlassen hätte.

Stefan starb am nächsten Morgen, und bis dahin waren fünf weitere Brüder erkrankt, unter ihnen der Confessarius. Nur mit Mühe konnte der Abt noch die gewohnte Ordnung halbwegs aufrecht erhalten. Eine Todsünde sei es, beschwor er die Mönche am Abend von Stefans Tod, das ewige Gelübde zu brechen und aus dem Kloster zu fliehen; die Höllenqualen, mit denen sie einen solchen Frevel büßen müssten, seien schlimmer als alle Leiden, die die Pest ihnen bereiten könnte.

Die Novizen jedoch waren am nächsten Morgen verschwunden, nur Thomas blieb. Kaum kam er noch zum Schlafen. Mit dem Medicus zusammen verbrannte er stark riechende Kräuter um die verpestete Luft zu reinigen; er hielt die Schale, wenn der Arzt seine Patienten zur Ader ließ, und reinigte ihre Wunden vom Eiter, wenn ihre Pestbeulen geöffnet wurden. Er wusch die Kranken und flößte ihnen Mohnsaft ein; er nahm ihre Hand, wenn sie im Fieber fantasierten oder nach Atem ringend um ihr Leben kämpften. Mehr konnten er und der Medicus nicht für sie tun: Sie starben alle.

Bald wurden die Mönche nicht mehr im Kreuzgang bestattet, bald bekam keiner mehr ein eigenes Grab. Die Leichen wurden in eine Grube geworfen und mit Erde bedeckt. Das Feuer vor den Klostermauern, in dem ihre Kleider verbrannt wurden, schwelte Tag und Nacht.

Eine Woche nach Stefans Tod erkrankte der Abt und starb in derselben Nacht. Da brach die Ordnung des Klosters vollständig zusammen. Kein Stundengebet fand mehr statt, keine Messe, kein Requiem. Ein Teil der Brüder, die noch gesund waren, kniete Tag und Nacht in der Kirche, betete zu Christus und Maria, flehte um Verschonung vor der grauenhaften Krankheit. Die anderen betranken sich schon am Morgen und schwankten dann, bald grölend, bald heulend, durch die Räume, in denen noch vor kurzem das Schweigen oberstes Gebot gewesen war. Wenn sie nicht tranken, dann stopften sie sich mit den Vorräten voll, die sie in Küche und Kellern fanden. Sie prahlten, dass ihnen die Krankheit nichts anhaben könnte, bis wieder einer nach Atem ringend zusammenbrach, wenn das Pestgift in seinen Eingeweiden wütete oder die Beulen schmerzhaft aus seinen Leisten wuchsen.

Nur Thomas und der Medicus gaben jetzt noch den Toten das Geleit. Niemand läutete mehr die Totenglocke, und jedes Mal, wenn sie wieder einen Leib mit Erde bedeckt hatten, fragte der Medicus eindringlich: „Willst du nicht endlich gehen?"

Aber jedes Mal schüttelte Thomas entschlossen den Kopf. „Nein. So lange Ihr bleibt, bleibe ich auch."

So verbrachten sie die Tage, indem sie unverdrossen Essigwasser verspritzten und duftende Kräuter verbrannten. Sie versuchten die Lebenden zu beruhigen, trösteten die Kranken und verscharrten die Toten, sie ließen zur Ader und öffneten eitrige Beulen. Sie verbrannten die verpesteten Kleider und versorgten die Tiere in den Stallungen. In der wenigen Zeit, die ihnen blieb, warfen sie sich auf eines der Betten im Dormitorium und schliefen ein paar Stunden.

Die Stundengebete hatten sie längst aufgegeben, aber immer, wenn ihre Arbeit es ihnen erlaubte, ging der Medicus mit seinem Novizen in die Kirche und las die Messe. Anfangs war Thomas ihm nur widerstrebend gefolgt – wie sollte er zu einem Gott beten, der seine Diener so grausam behandelte? Doch mit der Zeit fand er so etwas wie Trost in dem strengen Ritual; es gab ihm Halt in der kleinen Welt zwischen den Klostermauern, in der nichts mehr so war, wie es sein sollte.

Bald fasste er sich auch nicht mehr alle Augenblicke an die Leisten und in die Achselhöhlen, zuckte nicht mehr zusammen, wenn er glaubte, den Anflug einer Schwellung zu spüren, achtete nicht mehr darauf, ob er beim Atmen auch kein Stechen in der Lunge spürte.

Er hatte auch kein Mitleid mit den Kranken mehr, trauerte nicht mehr um die Toten, sondern tat nur, was getan werden musste, und dachte nicht an den schwarzen Tod und die Gefahr, in der er selbst schwebte.

Eines Morgens erwachte er davon, dass der Medicus leise seinen Namen rief. Er kroch widerstrebend unter der wärmenden Decke hervor und ging, noch halb im Schlaf, zum Bett des Arztes hinüber.

Mit einem Schlag war er wach. Die Barriere aus Abgestumpftheit und Gleichgültigkeit, mit deren Hilfe er die letzten Wochen hatte ertragen können, brach zusammen.

Der Medicus lag regungslos da, die Decke bis unter das Kinn gezogen. Sein Gesicht war verzerrt, die Augen glänzten fiebrig, auf seiner Stirn standen dicke Schweißtropfen.

„Warum ist es so still?“, fragte er heiser. „Sind sie alle schon zu betrunken um noch zu lärmen? Oder sind jetzt alle krank? Sieh nach, bitte! Ich fühl mich etwas angegriffen heute. Der wenige Schlaf ...“ Er verstummte, als er das Entsetzen im Gesicht seines Schülers bemerkte. Mühsam rang er sich ein Lächeln ab. „Nein, nein“, murmelte er beruhigend, „es ist nicht, was du denkst. Ich bin wirklich nur erschöpft ... Schau jetzt nach den andern!“

Wie betäubt schlich Thomas aus dem Schlafsaal. Nur erschöpft! Als ob er die Symptome nicht genau kannte!

Am liebsten wäre er in die Krypta gegangen, dorthin, wohin nie ein Schimmer Tageslicht gelangte, hätte sich auf den steinernen Boden geworfen und wäre verschwunden wie ein Schatten, wenn Wolken vor die Sonne ziehen. Am liebsten wäre er ein Stein geworden, regloser Stein, der nichts von denen fühlte, die über ihn hinwegliefen.

Nach den andern sehen! Er klammerte sich an die Anweisung wie ein Lahmer an seinen Stock. Denk nicht nach, sieh nach den andern! Er fing an zu laufen, eilte durch das Refektorium. Still und verlassen lag es im Halbdunkel, Becher und Krüge standen herum, säuerlicher Weindunst hing in der Luft. Weiter, in den Kapitelsaal, durch den Kreuzgang in die Kirche - kein Laut, keine Bewegung außer dem Flackern des ewigen Lichts im Altarraum.

Nach den andern sehen! Thomas rannte jetzt über den Hof, in das Krankenhaus. Durch den Duft von Lavendel und Lorbeer drang der süßliche Gestank nach Fäulnis und Tod. Die zwei Brüder, die am Tag zuvor erkrankt waren, lagen auf ihren Betten, besudelt, kalt und starr.

Da begriff Thomas, dass er jetzt allein war, allein mit dem Medicus, der nicht bloß erschöpft war, sondern nach dem der schwarze Tod seine Hand schon ausgestreckt hatte.

Aufschluchzend lief er zurück ins Dormitorium. „Zwei sind tot!“, schrie er. „Die andern haben uns im Stich gelassen. Jetzt, wo ich so dringend ihre Hilfe brauche. Hat ihnen das der gütige Gott eingegeben?“ Er sank vor dem Bett des Arztes in die Knie und barg seinen Kopf in der Decke. „Der gütige Gott!“

„Nicht Gott“, sagte der Medicus sanft. „Sie haben ihr Gelübde gebrochen. Wie kann ihnen Gott das befohlen haben? Aber geh nicht zu hart mit ihnen ins Gericht. Sie waren außer sich vor Angst. Nicht jeder ist so mutig wie du – und so töricht!“

Thomas richtete sich auf und wischte sich die Tränen ab. Wortlos zog er die Decke vom Körper des Kranken.

„Lass es!“ Der Medicus richtete sich auf, sank aber gleich wieder nach Atem ringend zurück. „Lass es, du verdammter Narr! Besteig das schnellste Pferd und flieh nach Norden, wohin die Krankheit vielleicht noch nicht gedrungen ist!“

„Wo sind sie?“, fragte Thomas seltsam unbewegt.

Der Arzt sah ihn schweigend an, dann gab er seinen Widerstand auf. Er löste den Gürtel und streifte die Kutte von den Schultern. Das Hemd hatte er schon geöffnet. Er schob es auf die Seite. Seine Brust war übersät mit schwarzen Flecken, in den Armbeugen wuchsen die Bubonen, prall und schillernd, wie die ekelhaften, zum Platzen überreifen Früchte eines tödlich giftigen Baumes.

„Ich muss Euch die Dinger da aufschneiden, Vater“, sagte Thomas ruhig, als ob er von ein paar Weizenbrötchen spräche.

Der Medicus nickte ergeben. „Nimm wenigstens ein Tuch vors Gesicht“, bat er.

„Wozu?“, entgegnete der Junge. „Hat Euch das Tuch

vielleicht geschützt? Nichts kann vor dieser Krankheit schützen."

„Dann schütze dich Gott", flüsterte der Medicus, stöhnte leise und faltete die Hände vor der Brust.

Thomas verließ den Raum ohne ihm zu antworten.

Bald kam er zurück und brachte ein Tischchen, beladen mit allem, was er für die Operation brauchte: mit sauberen Leintüchern, einer Schüssel mit frischem Wasser, Schalen, Instrumenten, Essigwasser und einem Trank, der die Schmerzen betäubte. Er wollte dem Medicus etwas davon einflößen, aber der lehnte ab. „Ich muss wach bleiben", meinte er. „Vielleicht brauchst du bald meine Hilfe." Er sagte nicht, wofür, Thomas wusste es ohnehin.

Er wählte ein Messer aus, dessen halbkreisförmige Schneide noch keine Scharten hatte, reinigte es gründlich und trocknete es. Dann nahm er es zwischen Daumen, Zeige- und Mittelfinger, setzte sich auf den Bettrand und beugte sich vor. Plötzlich war es um seine Ruhe geschehen, seine Hand zitterte. Er zog sie zurück, atmete tief durch, prüfte noch einmal die Schärfe der Klinge.

„Es muss sein", flüsterte der Medicus eindringlich, „und es ist gar nicht schwer. Du hast doch schon so oft zugesehen; stell dir nur vor, du hättest immer selbst das Messer geführt!"

„Aber ... Ihr seid es ...", stöhnte Thomas.

„Willst du einem Freund den Dienst vorenthalten, den du einem Fremden nicht verweigern würdest?", fragte der Medicus, und ein Anflug der früheren Strenge klang in seiner Stimme mit. „Aber wenn dich die Zuneigung hindert, dann vergiss, dass ich es bin! Hier liegt irgendein Kranker, zu dem Gott dich geschickt hat, weil nur du ihm helfen kannst."

„Da hat er genau den Richtigen geschickt in seiner Weisheit", höhnte Thomas. Die Lästerung lenkte ihn ein wenig ab, und die Spitze des Skalpells bebte nur noch leicht, als sie sich erneut der eitrigen Beule näherte.

„Mach einen langen, tiefen Schnitt", stieß der Medicus hervor. „Nur so kann das ganze Gift abfließen."

Thomas biss die Zähne zusammen und hielt den Atem an. Er schloss die Augen, fühlte, wie die scharfe Klinge die Haut berührte, dann zog er das Messer mit festem Druck über die Bubone.

Der Medicus stöhnte und zuckte heftig zusammen, die Klinge glitt ab. Ehe Thomas seine Finger wieder in der Gewalt hatte, war sie bereits über den Bauch des Kranken gefahren und hatte auf der linken Seite, oberhalb der Leiste, einen kräftigen Schnitt hinterlassen, aus dem das Blut sickerte.

Thomas wollte fluchen, sich beschimpfen, um Entschuldigung bitten, aber eine Handbewegung des Kranken brachte ihn zum Schweigen. „Es war meine Schuld", sagte er mit leisem Stöhnen. „Hätte ich mich doch besser beherrscht! Aber es ist nicht weiter schlimm. Drück jetzt die Flüssigkeit aus der Beule und wasch sie aus!"

Der Junge presste die Wunde zusammen, bis der letzte Rest des übel riechenden, wässrigen Eiters herausgequollen war und nur noch rote Blutflüssigkeit austrat. Er spreizte die Wundränder, goss Essig in den klaffenden Spalt und tupfte mit einem sauberen Tüchlein nach. Das machte er so lange, bis die Blutung nachließ.

Sein Patient knurrte nur leise, wie ein großer Hund, der die Quälereien eines Kindes gutmütig erträgt, aber es war ihm anzusehen, dass er vor Schmerzen hätte schreien mögen.

Als das geöffnete Geschwür fest verbunden war, rang er sich sogar ein Lächeln ab. „Es ist bestimmt ganz gut", sagte er matt, „wenn der Arzt die Schmerzen seiner Patienten auch mal am eigenen Leib verspürt. Das macht seine Hände für die Zukunft sanfter." Mit dem Kinn deutete er auf die zweite Bubone. „Und jetzt die."

Für die Zukunft, hatte er gesagt. Hieß das, dass es noch Hoffnung gab? Thomas wurde ruhiger, seine Hand zitterte nicht mehr. Ein tiefer, sauberer Schnitt, ausdrücken, auswaschen, verbinden.

„Lass mich jetzt noch zur Ader", bat der Medicus. Thomas nickte stumm. Er wählte ein anderes Messer, eines mit lanzettförmiger Spitze, stach es in den Oberarm und ließ die Blutflüssigkeit in die Schale tropfen, wie er es in den letzten Wochen so oft gesehen hatte.

Dann war auch das vorbei. Der Kranke war jetzt sehr blass, fast apathisch lag er da, aber sein Gesicht war entspannt.

„Du hast deine Sache sehr gut gemacht, ‚Medicus'", sagte er und hob die Hand. Sie war weiß und schmal, mit dünnen Fingern; blau schimmerten auf dem Handrücken die Adern durch die Haut. Thomas erschrak. Fast wie die Hand eines Toten ...

„Um eines muss ich dich aber noch bitten: Spende mir die Krankensalbung!“

Wieder durchfuhr den Jungen ein eisiger Schreck. „Ich?“, stieß er hervor. „Ich bin kein Priester!“

Der Medicus deutete in die Runde. „Siehst du hier einen Priester außer mir?“, fragte er. „Ich kann mich ja nicht gut selbst von meinen Sünden lossprechen! Ich weiß selbst nicht genau, ob jemand, der kein Priester ist, das Sakrament der Salbung vollziehen darf. Doch hier ist niemand mehr außer uns, und niemand ist in erreichbarer Nähe. Soll ich deshalb unvorbereitet vor Gottes Angesicht treten? Ich glaube, er wird es gnädig aufnehmen, wenn ein guter Christ ...“

„Ich bin kein guter Christ!“, begehrte Thomas auf.

„O doch, das bist du! In den letzten Wochen hast du mehr für Gott und die Menschen getan als mancher, der ein Leben lang geglaubt und gedient hat, ohne dass ihm jemals Zweifel gekommen wären. Hat nicht selbst der heilige Petrus gezweifelt, als er über das Wasser ging, und hat ihm nicht Christus die Hand gereicht?“

„Es ist nicht nur, weil ...“, begann Thomas stockend, dann brach es aus ihm heraus: „Ich will Euch die Salbung nicht spenden, begreift Ihr das nicht? Wenn ich es tue, dann heißt das, dass die verfluchte Pest uns besiegt hat, dass wir alle Hoffnung aufgegeben haben. Es ist die Salbung für die Sterbenden! Aber ich will, dass Ihr bei mir bleibt! Ich liebe Euch mehr als meinen Vater, und wenn ich Euch vor mir sehe, da draußen in der Grube, bei dem faulenden, stinkenden Fleisch ...“ Die Stimme versagte ihm.

Der Medicus fasste nach seiner Hand und hielt sie fest. „Wie kannst du mir meinen Wunsch abschlagen, wenn du mich mehr liebst als deinen Vater? Was ist das Verfaulen des Körpers gegen die Qualen der Seele, wenn sie ungetröstet den Leib verlassen muss? Wer weiß, vielleicht hilft es mir sogar, gesund zu werden, wenn ich mit Gott im Reinen bin und keine Furcht mehr haben muss. Ich bitte dich, Thomas ..." Die Kräfte verließen ihn und er schwieg.

Der Junge wusste nichts mehr zu entgegnen. Niedergeschlagen verließ er das Dormitorium.

Es dauerte eine Weile, bis er zurückkehrte. Vorsichtig, als ob er ein gefährliches Gift in Händen hielte, trug er die Schale mit den Hostien und das Krüglein mit dem vom Bischof geweihten Olivenöl.

Mit leiser Stimme begann der Medicus seine Verfehlungen zu beichten. Sie schienen Thomas nicht sehr schwerwiegend zu sein, Nichtigkeiten gegenüber denen, die er selbst hätte bekennen müssen. „Ego te absolvo, ich spreche dich los", sagte er darum ohne lange zu überlegen. Behutsam ergriff er eine der Hostien und schob sie dem Kranken zwischen die Lippen. Dann tauchte er den rechten Daumen in das heilige Öl und machte mit ihm das Kreuzzeichen auf Augen, Nase, Ohren und Hände. Dazu sprach er, was der Medicus ihm vorsagte: „Per istam sanctam idulgeat tibi Dominus quidquid deliquisti. Kraft dieser heiligen Ölung vergebe dir der Herr, was immer du gesündigt hast."

„Siehst du, es geht mir schon besser", lächelte der Medicus. „Ich danke dir für alles, was du getan hast. Jetzt will ich mich ein bisschen ausruhen."

Er faltete die Hände, bald ging sein Atem ruhig und gleichmäßig, er war eingeschlafen.

Thomas warf sich auf das Bett neben ihm und schloss die Augen. „Gott, wenn du wirklich barmherzig bist, dann lass ihn davonkommen“, flehte er. „Nein, du musst gar nicht barmherzig sein, nur gerecht musst du sein. Bitte sei gerecht, lass ihn nicht sterben!“

Er betete so inbrünstig, wie er es schon lang nicht mehr getan hatte. Allmählich wuchs seine Zuversicht, und bevor ihn die Müdigkeit übermannte, glaubte er fest, dass der Medicus gesund werden würde.

Auf einmal, so träumte er, erstrahlte das Kloster in hellem Licht. Nichts warf mehr einen Schatten, nicht die Mauern, nicht die Bäume auf dem Friedhof, der dunkelste Winkel leuchtete, als ob ein Sonnenstrahl auf ihn fiele. Krachend sprang das große Tor auf und Christus schritt über den Hof, den Kopf mit der Dornenkrone erhoben, die Arme segnend ausgebreitet. Als er auf den Friedhof gelangte, erhoben sich die Opfer des schwarzen Tods aus den Gräbern, unversehrt und gesund, und fielen auf die Knie.

Christus lächelte stumm und ging weiter, ruhig und unbeirrbar, bis er das Dormitorium erreichte. Das Licht wurde so hell, dass es fast schmerzte.

Als Christus an das Bett des Medicus trat, öffnete der Kranke die Augen, die Decke glitt zur Seite. Kein Verband war zu sehen, keine Narbe verunstaltete die Haut.

Gebieterisch deutete Christus auf eine Gestalt, die am Fußende des Betts kauerte. Mit kläglichem Wimmern wandte sie ihm ihr hageres, fahles Gesicht zu und hielt die

Hände vor die Augen, um sie vor dem gleißenden Licht zu schützen, aber es glänzte nur umso heller. Da erhob sie sich, zog das schwarze Gewand, das ihren dürren Leib umhüllte, über den Kopf und wankte jammernd zur Tür hinaus. Ihre Schritte verhallten, aber das Stöhnen wurde lauter, erfüllte den ganzen Raum, bis der strahlende Christus wie unangenehm berührt die Hände an die Ohren hob; das Licht, das ihn umgab, verblasste, und er verschwand.

Thomas erwachte. Der schwarze Tod war fort, Christus selbst hatte ihm befohlen das Kloster zu verlassen. Jetzt würde alles gut werden.

Es war schon dämmrig. Über den Betten hing durchdringend der Geruch der verschmutzten Tücher und des Essigs. Wenn nur das grauenhafte Stöhnen aufhören wollte!

Schlagartig begriff er. Mit einem Satz sprang er aus dem Bett und beugte sich über den Medicus. Der Kranke wand sich unter seiner Decke wie ein Besessener. Die Laute, die er ausstieß, klangen, als ob er furchtbare Schmerzen hätte. Dazwischen stammelte er Wörter, die Thomas kaum verstand und deren Sinn er nicht begriff. Tröstend legte er ihm die Hand auf die Stirn, aber er zog sie rasch zurück, erschrocken über die Hitze, die er fühlte.

Er griff zögernd nach der Decke, dann riss er sie mit einem Ruck herunter, löste den Gürtel, streifte Kutte und Hemd beiseite. Entblößt lag der Kranke vor ihm. Die Verbände unter den Armen waren sauber und trocken. Doch über den Leisten wölbten sich zwei neue Bubonen.

Mit Augen, die vor Entsetzen geweitet waren, starrte der Junge die scheußlichen Geschwüre an, die sich ihm rund

und strotzend entgegenreckten, als ob sie ihn verhöhnen wollten, weil er so töricht geglaubt hatte, die Pest besiegen zu können.

„Christus hat den schwarzen Tod vertrieben. Jetzt wird alles gut werden“, kreischte er. „Gott ist stärker als der schwarze Tod. Gott ist barmherzig und gerecht!“ Seine Stimme überschlug sich, ein heftiger Lachanfall schüttelte ihn.

Dann rannte er wie von Sinnen aus dem Haus, aus dem Tor und in den Wald hinein, den gewundenen Pfad hinunter, ohne zu wissen, ob er so dem schwarzen Tod entrinnen oder ihn fangen und mit eigenen Händen erwürgen wollte.

Er lief über knisterndes Laub und knackende Äste, stolperte über Wurzeln und Brombeerranken, streifte Baumstämme, dass er taumelte, presste sich durch verwachsene Haselsträucher und merkte kaum, dass ihm die zurückschnellenden Ruten ins Gesicht peitschten. Längst hatte er den Weg verloren, es war dunkel geworden, von den Bergen sank der Nebel herab.

Und immer noch lief Thomas. Endlich stolperte er über einen Felsbrocken und stürzte schwer. Der Schmerz brachte ihn zur Besinnung. Plötzlich hörte er den Wind, der durch die kahlen Äste fuhr, und fühlte die Nässe des Nebels auf seiner Haut. Atemlos horchte er auf das rasende Pochen seines Herzens.

Was hatte er getan? Er rappelte sich auf und starrte in die Dunkelheit nach oben, dorthin, wo er das Kloster vermutete. Dort hatte er den Medicus liegen lassen, seinen Freund, der nicht fähig war aufzustehen, der jetzt würdelos in seinem eigenen Dreck liegen musste, allein mit seinen Qualen und seiner Todesangst.

So schnell es seine stechenden Lungen erlaubten, machte sich Thomas auf den Rückweg. Unzählige Male glitt er aus, er durchwatete einen Bach, der seinen Weg querte, er geriet in ein Dickicht, durch das er nicht hindurchkam, sodass er ein ganzes Stück zurückgehen musste. Doch er ruhte nicht einen Augenblick, bis endlich die Klosterumfriedung vor ihm auftauchte.

Todmüde torkelte er durch das Tor, dann nahm er noch einmal alle Kraft zusammen und eilte über den Hof in die Klausur, die Treppe hinauf zum Dormitorium. Er tastete nach der Nische hinter der Tür, wo Zunder, Feuerstein und Wachslichter lagen. Während seine Hände ungeschickt damit hantierten, lauschte er in den dunklen Raum hinein. Wenn der Medicus schon gestorben wäre ... Er hörte leise röchelndes Atmen. Gott sei Dank, er lebte noch!

Endlich hatte er eine Kerze entzündet. Er hielt sie an den Docht einer zweiten, bis auch sie brannte. Mit den Lichtern in den Händen ging er leise in den Raum hinein. Der Kranke lag in seinem Bett, die Augen geöffnet.

„Du bist zurückgekommen“, flüsterte er.

Er war wieder bei Verstand, er wusste, was er sagte und hatte ihn erkannt! „Ich wollte bei Euch sein, Vater“, sagte der Junge, während ihm die Tränen über das Gesicht liefen.

„Setz dich zu mir“, bat der Kranke.

„Habt noch etwas Geduld“, erwiderte Thomas eifrig. „Ich muss Euch etwas zu essen und zu trinken holen und Wasser, damit ich Euch abwaschen kann, ein frisches Laken und ...“, er stockte, „vielleicht sollte ich die neuen Geschwüre aufschneiden ...“

Der Medicus hob in matter Abwehr eine Hand. „Nichts davon ist mehr wichtig“, sagte er. „Bring mir nur ein bisschen Wasser, ich habe großen Durst. Und dann setz dich zu mir!“

Thomas lief hinaus auf den Hof und kam mit einem Krug kühlen Brunnenwassers zurück. Er flößte dem Kranken etwas davon ein und wusch ihm das fieberheiße Gesicht. Dann setzte er sich auf den Bettrand und blickte in die Flammen der Kerzen, bis er meinte, das helle Licht aus seinem Traum wieder zu sehen. Er fasste nach der Hand des Kranken, vorsichtig, als fürchtete er sie zu zerbrechen, und streichelte sie.

„Könnt Ihr mir vergeben?“, fragte er.

„Was sollte ich dir wohl zu vergeben haben! Hat je ein Mensch in diesem Kloster mehr Mut und Kraft gehabt als du?“ Die Stimme des Medicus wurde leiser, es machte ihm sichtlich Mühe zu sprechen. „Wenn Gott dich bewahrt vor dieser Krankheit ... Du hast das Zeug dazu, Arzt zu werden, denk darüber nach. Vielleicht kannst du eines Tages den schwarzen Tod besiegen. Und vergiss nicht, ich bitte dich, vergiss es niemals, nur durch Gott bist du, was du bist, ein Mensch.“ Kaum hörbar waren die letzten Wörter, der Kranke verstummte.

Niemand kann jemals den schwarzen Tod besiegen, und wenn ich Gott nicht vergesse, was nützt das, wenn Gott mich vergisst!

Thomas wollte es herausschreien, doch er erwiderte

nichts. Schweigend hielt er die Hand des Medicus und lauschte seinen röchelnden Atemzügen. Langsam brannten die Kerzen herunter.

Plötzlich seufzte der Kranke tief, dann war Stille.

Thomas blieb neben dem Toten sitzen. Die Kerzen erloschen, die Nacht ging vorüber, fahl drang das herbstliche Morgenlicht durch die Fenster, er bemerkte es nicht. Er fühlte nur die Leere, die man fühlt, wenn man neben jemandem sitzt, dessen Seele den Körper verlassen hat.

Endlich, als der Tag längst angebrochen war, erhob er sich und ging steifbeinig auf den kleinen Friedhof hinüber. Es war kalt. Weißer Reif bedeckte die alten und die neuen Gräber. Lang stand er fröstelnd am Rand der Grube, in der unter einer dünnen Schicht Erde die Opfer des schwarzen Todes lagen. Bald würden ihre Kutten und ihr Fleisch zerfallen sein, und dann würde es sein, als ob sie nie gelebt hätten.

Entschlossen griff er nach der Schaufel, die jemand achtlos auf den Boden geworfen hatte. An der schönsten Stelle des Friedhofs, nicht weit vom silbrig glänzenden Stamm einer Buche, begann er zu graben. Der Boden war nur oberflächlich gefroren und er kam gut voran. Als das Grab tief genug war, kleidete er den Boden mit Steinen aus. Im Frühling würde sich ein Dach aus zartgrünen Blättern darüber wölben. Er stellte sich das Wispern und Rauschen vor, wenn der Wind durch sie hindurchfuhr, die glitzernden Muster, wenn die Sonne durch die Zwischenräume schien, und das gleichmäßige Tropfen und Rinnen, wenn die Blätter schwer von Regen waren. Hier sollte der Medicus ruhen.

Thomas lief in die Schreinerei und zimmerte aus rohen Brettern einen Sarg, zwei Leisten aus hartem Buchenholz fügte er zu einem Kreuz zusammen.

Wieder im Dormitorium, wusch er den Toten, zog ihm ein neues Hemd und eine saubere Kutte an und schleppte ihn dann hinaus auf den Friedhof. Er holte den Sarg und ließ ihn in das Grab fallen, legte ein Kissen und ein weißes Laken hinein. Dann ließ er den Medicus vorsichtig hineingleiten; er schwitzte trotz der Kälte, denn er musste aufpassen, dass nicht etwa Steine oder Erde die Ruhestätte seines Freundes beschmutzten. Endlich hatte er es geschafft.

Etwas Blühendes fand er nicht mehr im Garten, und so legte er dem Toten einen Heckenrosenzweig in die Hände, an dem rote Hagebutten leuchteten. Dann warf er einen letzten Blick auf das Gesicht des Medicus. Es war sehr hager, fast streng, und es schien Thomas, als ob ihn die Augen unter den geschlossenen Lidern musterten.

„Gott weist dir deinen Weg“, hatte er gesagt. „Nur durch Gott bist du, was du bist – ein Mensch.“

„Ich kenne den Weg nicht“, flüsterte er. „Wie kann ich weiter ein Mensch sein, wenn ich das Vertrauen zu Gott verloren habe?“ Er starrte in das Antlitz des Toten, aber er konnte keine Antwort darin lesen.

Er legte den Deckel auf den Sarg und schaufelte das Grab zu. Tief stieß er das Kreuz in die weiche Erde. In den Querbalken hatte er eine Inschrift geschnitzt und dann das Holz über das Feuer gehalten, damit sie vor schneller Verwitterung geschützt war. „Hier ruht Pater Benedikt, der Medicus des Klosters Marienberg. Im Dienst Gottes und der Menschen starb er am schwarzen Tod im Jahr der Fleischwerdung des Herrn 1348, am 28. Oktober. Er ruhe in Frieden."

Als er seine Arbeit beendet hatte, war es schon Nachmittag. Er stand da und starrte über den Friedhof auf das Kloster, und ihm wurde bewusst, dass er nun ganz allein war. Hier gab es nichts mehr als Gräber und kahle Bäume, als ein verlassenes Gemäuer mit dem Geruch nach Krankheit und Tod. Plötzlich wurde sein Drang fortzulaufen übermächtig. Jetzt gab es niemanden mehr, den er dafür im Stich lassen musste. Nur weg hier, weg!

Er eilte zurück in die Klausur und packte Vorräte und Wäsche zusammen. In der Wohnung des Abts fand er ein wenig Geld, das er zu sich steckte. Nach einer halben Stunde war er reisefertig.

Er ging in den Stall und trieb die verbliebenen beiden Pferde hinaus vor das Tor. „Lauft!", schrie er und versetzte jedem einen Hieb, sodass sie erschrocken davongaloppierten. Dann kehrte er in den Stall zurück.

Nur das Maultier des alten Händlers stand jetzt noch dort. Als Thomas auf es zuging, warf es schnaubend den Kopf nach hinten. „Ja", sagte der Junge leise und kraulte ihm die Nüstern, „jetzt geht es endlich wieder los. Du hast einen neuen Reisegefährten ..., bis der schwarze Tod uns einholt!"

Er legte dem Tier einen Sattel auf, was es sich willig gefallen ließ, und führte es ins Freie. Aus den benachbarten Stallungen hörte er die Kühe jämmerlich brüllen, die seit Tagen nicht mehr gemolken worden waren. Fast hätte er sich aufgemacht ihnen zu helfen, aber dann wandte er sich ab. Um die Menschen hier hatte er sich gekümmert bis zum Schluss, für das Vieh hatte er die Kraft nicht mehr. Nur weg hier, weg!

Vor dem Tor schwang er sich in den Sattel und legte sein Bündel vor sich. „Wir werden nach Hause reiten“, sagte er, „dort werden sie uns aufnehmen und wir können vergessen, was hier geschehen ist.“ Langsam ließ er das Tier bergab traben. Hinter ihm ragte die Kirche in den Himmel, ihre Mauern glühten im Licht der untergehenden Sonne.

Aber er sah sich nicht um.

# 4

Irgendwann, als es zu finster zum Weiterreiten wurde, hielt er an, band das Tier an einen Baum, hüllte sich in seine Decke und schlief ein paar Stunden. Beim Morgengrauen brach er wieder auf. Am Nachmittag erreichte er das Dorf, an dessen Rand auf einem Hügel die Burg seiner Eltern lag.

Niemand war zu sehen. Irgendwo klapperte eine Tür im Wind, ein Hahn krähte, aus einem offenen Stall drang dumpf das Stampfen der Kühe auf dem Stroh.

Erstaunt richtete sich Thomas im Sattel auf. Die Straße hätte voller Leben sein müssen: Bauern, die von der Feldarbeit kamen, Frauen und Kinder vor den Häusern, das Dröhnen des Hammers aus der Schmiede. Aber nicht einmal ein Hund war auf der Straße.

Die Luft roch brenzlig. Irgendwo musste ein Feuer sein ... Thomas blickte sich suchend um. Da, hinter der Kirche, stieg Rauch auf, dichter, dunkler Rauch, wie er entsteht, wenn leinenes oder wollenes Tuch mehr schwelt als brennt.

Der Junge stieß dem Maultier die Fersen so heftig in die Weichen, dass es erschrocken einen Satz nach vorn machte und in schnellen Trab verfiel. Vorwärts, vorwärts! Während er an den Häusern vorbeiritt, meinte er ein paar Mal hinter einer Fensterluke ein spähendes Gesicht zu sehen, doch er hielt nicht an.

Rasch erreichte er den Hügel und ritt den breiten, gewundenen Fahrweg hinauf, bis er an die Umfriedung kam. Überall an der Mauer hingen Kreuze, Büschel mit stark riechenden Kräutern und Tafeln, in die seltsame Zeichen geritzt waren. Das große, doppelflügelige Tor war verschlossen. Thomas sprang ab und warf sich dagegen. Es rührte sich nicht einmal, nur eine Kette klirrte leise im Innern. Er trat einen Schritt zurück, hob einen schweren Stein auf und hämmerte gegen das Holz, immer und immer wieder, bis er keine Kraft mehr hatte und die Arme erschöpft sinken ließ.

Lange Zeit blieb alles still, dann näherte sich jemand mit schweren Schritten, doch er kam nicht bis ganz an das Tor, sondern rief: „Wer du auch bist, scher dich zum Teufel!"

Thomas erkannte die Stimme sofort; sie gehörte Peter, dem ältesten Waffenknecht seines Vaters. Peter war sein bester Freund gewesen, hatte ihm Reiten und Fechten beigebracht und ihn manches Mal vor den Prügeln seines älteren Bruders bewahrt. Peter war es gewesen, der ihn vor zehn Monaten ins Kloster begleitet hatte, und er erinnerte sich, als ob es gestern gewesen wäre, wie der Alte mit hängenden Schultern davongeritten war.

Erleichtert schrie er: „Red kein dummes Zeug, du Trottel, sondern mach schnell auf! Ich bin es!"

Peter antwortete nicht, bis Thomas die Geduld verlor und mit der flachen Hand gegen das Tor klatschte. „Hörst du nicht? Du sollst aufmachen, ich will rein!"

„Hier darf niemand hinein." Die Stimme des Knechts klang hart und abweisend.

„Bist du verrückt geworden? Ich befehle dir, mir sofort das Tor zu öffnen!"

„Du hast mir gar nichts zu befehlen!", sagte Peter rau. „Der Herr hat Anweisung gegeben, dass niemand die Burg betreten darf, solang im Dorf die Seuche wütet. Wir alle finden, dass er gut und vernünftig handelt."

„Das ist die Burg meines Vaters, es ist mein Recht, hier zu leben!"

„Es gibt kein Recht in den Zeiten der Pest. Nur das Recht der Gesunden, sich vor den Kranken zu schützen."

„Aber ich habe die Pest nicht, glaub mir doch!", flehte Thomas. „Ich bin so gesund wie du!"

„Wie willst du wissen, ob deine Kleider und dein Leib nicht bereits verpestet sind?"

„Aber habt ihr denn vergessen, dass Christus euch Barmherzigkeit befiehlt?", fragte Thomas. Seine Stimme war leise, denn er hatte Mühe die aufsteigenden Tränen zu unterdrücken.

„Barmherzigkeit!", höhnte der Alte. „Wo die Pest herrscht, ist Barmherzigkeit Dummheit. Wenn ich dich reinlasse und wir krepieren alle, wem nutzt dann meine Barmherzigkeit?"

„Peter!" Thomas warf sich mit aller Kraft gegen das Tor, er registrierte kaum den Schmerz, als seine Schulter gegen das eisenharte Holz prallte. „Weißt du nicht mehr, wie du mir Spielzeug geschnitzt und mir heimlich den ersten Wein zu trinken gegeben hast? Du hast mich aufs Pferd gehoben, als ich ein kleiner Junge war; du hast mir Pfeile zugespitzt, du hast mir meinen ersten Bogen gebaut; du hast mich getröstet, wenn mich eine Wespe gestochen hat; du hast mir die Dornen aus den Füßen gezogen; du hast mir gezeigt, wie man die Forellen aus dem Bach holt und wie man Kiesel über das Wasser springen lässt. Du bist mein Freund!“

Wieder kam lange keine Antwort. Endlich sagte der Knecht zögernd: „Warte. Ich gehe zum Herrn und sag ihm, dass du da bist. Er soll entscheiden.“

Die Schritte entfernten sich.

Thomas hockte sich ins Gras und wartete. Gleich würde der Alte zurückkommen und ihn um Verzeihung bitten. Er würde ihn in die schützenden Mauern lassen, und alles würde draußen bleiben: die Angst, die Einsamkeit, der Gestank der eiternden Bubonen, die verzerrten, wachsfahlen Gesichter der Toten. Er dachte an den Medicus und das Herz wurde ihm schwer. Wenn der Medicus hier zu befehlen hätte, dann wäre das Tor nicht verschlossen, dann würde niemand abgewiesen. Doch der Medicus war tot.

Endlos dehnte sich die Zeit. Träge stieg der Rauch aus dem Feuer hinter der Kirche gen Himmel. Ein Schwarm Krähen flog über das Dorf und fiel kreischend in ein Stoppelfeld ein. Aus einer Haustür trat eine dunkle Gestalt, blickte zur Burg hinüber und verschwand wieder. Plötzlich kläffte ein Hund, eine helle, sich überschlagende Stimme bellte Kommandos, und dann stob eine Herde Schweine grunzend und quiekend aus dem Eichenwäldchen jenseits des Dorfangers.

Thomas musste lächeln. Wann hätten sich Schweine je

den Anweisungen ihrer Hüter gefügt! Schweine machten, was sie wollten. Es war, als ob sie wüssten, was ihnen ohnehin eines Tages blühte – warum also sollten sie gehorchen?

Die Sonne sank und über den Feldern stieg Nebel auf. Wo Peter nur blieb? Er war fast eingenickt, als er die schweren Schritte endlich wieder über den Sand knirschen hörte. Sofort rappelte er sich auf.

„Na also! Nun lass mich schon rein, ich bin müde und hungrig!“

„Ich ... ich darf nicht aufmachen“, sagte der Alte langsam. „Der Herr hat’s verboten.“

„Was? Mein Vater lässt mich hier draußen?“ Thomas kreischte fast. „Seid ihr alle verrückt geworden? Und ... und was sagt meine Mutter?“

„Deine Mutter ...“, begann Peter stockend, seine Stimme klang müde und bitter, als er fortfuhr. „Deine Mutter war ... barmherzig. Sie bestand darauf, die Kranken zu pflegen. Du kannst sie besuchen, dort unten, neben der Kirche.“

Thomas warf sich ins Gras und barg den Kopf in den Armen. Er hörte kaum, was der alte Knecht noch zu sagen hatte.

„Dein Vater lässt dich grüßen. Er will dir helfen, so gut er kann, und sendet dir das hier ..., Geld, Waffen, warme Kleider. Viel Glück!“

Zweimal flog etwas über die Mauer und schlug dumpf neben Thomas auf. Der Junge hob den Kopf, lauschte den leiser werdenden Schritten des Alten und starrte mit tränenblinden Augen auf den prall gefüllten Beutel und das

Bündel, aus dem die Spitze eines Schwertes ragte. Plötzlich packte ihn rasender Zorn.

„Lauf nicht davon, du verfluchter, verräterischer Lump! Sag ihm, ich scheiß auf seine Hilfe! Und sein dreckiges Geld will ich auch nicht! Für jedes Goldstück soll ihm eine eitrige Pestbeule wachsen, sag ihm das! Ich will es nicht, nimm's nur wieder!"

Er griff nach dem Beutel und schleuderte ihn zurück. Dann wollte er auch das Bündel hinterherwerfen, aber seine Kräfte reichten nicht aus, es prallte an der Umfriedung ab und fiel zurück ins Gras. In ohnmächtiger Wut sprang er an der Mauer hoch, riss die Kräuterbüschel, die Tafeln und Kreuze herunter und trampelte auf ihnen herum.

Erst als es dunkel wurde, beruhigte er sich ein wenig. Er überlegte, ob er im Dorf um ein Quartier für die Nacht bitten sollte. Doch er kam rasch wieder davon ab. Vielleicht würden auch die Leute dort ihm die Tür weisen oder ihn gar mit Steinwürfen davonjagen. Oder einer ließe ihn ein und er würde im Bett eines Toten schlafen. Ihn schauderte es bei der Vorstellung.

Also befreite er das Maultier von seiner Last, band ihm die Vorderbeine zusammen und legte sich auf den harten Boden; das Bündel seines Vaters schob er sich unter den Kopf.

Er dachte an seine Mutter. Ihr Bild war merkwürdig blass in seiner Erinnerung. Freundlich und still war sie gewesen, eine schlanke Frau mit dunklen Haaren und braunen Augen – oder waren sie grau? Er wusste es nicht einmal mehr. Immer hatte sie sich dem Willen des Vaters gebeugt. Nur einmal hatte sie aufbegehrt, hatte das Gebot Gottes über die Vernunft ihres Mann gestellt. Jetzt war sie tot – und sein Vater lebte.

„Du hast Unrecht, Medicus“, flüsterte er. „Nicht durch Gott wird der Mensch zum Menschen. Du hast auf Gott vertraut, und er hat dich verrecken lassen wie einen Hund. Hättest du dich um dich selbst gekümmert, dann würdest du jetzt noch leben, genau wie mein Vater. Von jetzt an will ich nur noch für mich da sein, nehmen, was ich bekommen kann. Dann werde ich leben. Dann werde ich ein Mensch sein.“ Endlich schlief er ein, vor dem Tor des väterlichen Hauses, das ihm verschlossen blieb.

Bevor noch der Morgen angebrochen war, erwachte er, durchnässt vom Tau und zitternd vor Kälte. Er schälte sich aus seiner Kutte, wand sie um einen Stein und warf sie über die Mauer. Wenn sie ihn schon nicht wollten, sollten sie wenigstens ein Andenken an ihn haben. Und wenn der Pesthauch darin alle umbrächte, er würde um keinen eine Träne vergießen.

Er schnürte das Bündel auf, das Peter ihm zugeworfen hatte, zog die Stiefel und die warmen Kleider an, die er darin fand, und gürtete sich das Schwert um. Das Geld! Er hätte das Geld nicht zurückwerfen sollen. Jetzt hatte er nur das bisschen, das er in der Wohnung des Abts gefunden hatte. Einen Augenblick dachte er daran zu schreien, bis jemand käme und ihm das Geld über die Brüstung schleuderte. Aber sein Stolz verbot es ihm. Für den Augenblick hatte er genug, und wenn das Wenige verbraucht war, würde er sich schon neues verschaffen.

Es wurde langsam hell. Die Sonne schob sich flammend rot über den Horizont und versprach einen prächtigen Herbsttag. Thomas sattelte sein Tier und ritt dann langsam ins Dorf. Wieder war die Straße menschenleer. Nur am Brunnen lief eine Gestalt an ihm vorbei, zwei Eimer in den Händen, gesenkten Kopfes, ohne Notiz von ihm zu nehmen.

Als er an der Kirche angekommen war, stieg er ab und betrat den Friedhof. Weitab von den anderen Gräbern, so, als ob selbst die Toten ihre Nähe scheuten, erhoben sich frisch aufgeworfene Hügel aus schwarzer, fettglänzender Erde. Suchend blickte er über sie hin. Unter einem von ihnen ruhte seine Mutter; unter welchem, konnte er nicht feststellen, denn die rohen Kreuze, die in ihnen steckten, trugen nicht einmal Namen.

Stumm kehrte er den namenlosen Erdhaufen den Rücken und lief zu seinem Maultier zurück. Das Feuer am Rand des Friedhofs war erloschen. Vielleicht war auch die Seuche im Dorf erloschen, ihn kümmerte es nicht. Eine Heimat hatte er nun nicht mehr.

Er ritt auf die Berge zu. Über den Pass, nach Norden wollte er. Dorthin, wo die Pest noch nicht wütete.

Er war schon Stunden unterwegs, ohne dass ihm jemand begegnet wäre, als er vor sich einen Mann erblickte, der bedächtig am Straßenrand entlangmarschierte. Ein Pilger war er vielleicht, jedenfalls trug er Mantel und Stab, und als Thomas ihn erreichte, sah er, dass er sehr alt war.

Fast wäre er grußlos an ihm vorübergeritten, als er

ihn plötzlich singen hörte. Die Melodie war reichlich monoton, und die Mönche auf dem Marienberg hätten wohl nur abschätzig gelächelt über die brummige, kratzige Stimme.

Aber irgendetwas, ein vergnügter Unterton in dem einförmigen Singsang, veranlasste Thomas sein Reittier zu zügeln und dem Alten zu lauschen.

Es waren nur vier Verse, die er unablässig wiederholte:

*Ich bin und weiß nicht, wer,*
*ich komm und weiß nicht, woher,*
*ich fahr und weiß nicht, wohin,*
*mich wundert, dass ich so fröhlich bin.*

Thomas ließ das Maultier eine Weile auf gleicher Höhe mit ihm gehen, dann stieß er ihm unsanft seinen Fuß in die Seite. „He, alter Mann, was singst du da?"

Der Fremde, der ihn bisher nicht beachtet hatte, wandte den Kopf und erwiderte gleichmütig: „Du bist jung und hast gute Ohren. Also wirst du mich wohl verstanden haben."

„Wieso bist du so fröhlich?"

„Also, du hast mich verstanden", stellte der Fremde fest und lächelte. „Ich weiß es nicht. Deshalb sing ich ja: ‚Mich wundert, dass ich so fröhlich bin.'"

„Aber du kannst gar nicht fröhlich sein", fuhr ihn Thomas an. „Du hast nichts als ein paar alte Lumpen auf dem Leib. Du bist alt, und anstatt gemütlich in einem Sessel zu sitzen, stapfst du allein durch die Gegend, jetzt, wo es bald

Winter wird. Hinter dir kommt die Pest und vielleicht ist sie auch schon vor dir. Also sag mir gefälligst, warum du armseliger alter Mann fröhlich bist!"

Unwillkürlich hatte er sein Tier angehalten und auch der Fremde war stehen geblieben. Sein Lächeln verschwand und er sagte ernst: „Die Lumpen, wie du sie nennst, sind warm, also muss ich nicht frieren. Wenn ich im Sessel sitze, tut mir nur der Rücken weh, also lauf ich lieber. Ich bin 73 Jahre alt, was soll ich mich vor der Pest fürchten, wo mich der Tod jeden Tag einholen kann? Was du da sagst, würde mich alles nicht hindern, vergnügt zu sein. Trotzdem, deine Frage ist schon berechtigt. Da kommt man auf die Welt und weiß nicht, wo man vorher gewesen ist, lebt sein Leben und kennt nicht seinen Zweck. Man rennt durch tausend Gefahren, sieht die Jahre dahinziehen, als ob sie ein Tag wären, und dann muss man wieder abtreten ohne zu wissen, wohin. Das ist wahrhaftig kein Anlass zum Fröhlichsein. Aber ich bin's nun mal, und das wundert mich selbst am meisten. Wie soll ich dir also beantworten, worauf ich die Antwort nicht weiß?"

Thomas geriet in unerklärlichen Zorn. Er zog sein Schwert und setzte es dem Alten an den Hals.

„Mach deine Märchen einem andern weis", sagte er drohend. „Wahrscheinlich hast du die Taschen voller Geld, das du irgendwo gestohlen hast. Das könnte deine gute Laune schon eher erklären. Gib es mir, ich brauch es dringender als du!"

Der Fremde nestelte umständlich den Mantel auf. „Du kannst dein Schwert getrost wieder wegnehmen", erklärte er ruhig. „Ich habe dir schon gesagt, dass ich vor dem Tod keine Angst mehr habe. Außerdem siehst du nicht aus wie einer, der einen wehrlosen alten Mann absticht.“ Er zog ein kleines Beutelchen hervor und leerte es in die Hand. „Das ist alles, was ich besitze. Nimm es nur!“

Thomas musterte die wenigen Kupferstücke, und sein Zorn verflog so schnell, wie er gekommen war. „Behalt deine Pfennige“, knurrte er. Dann steckte er sein Schwert in die Scheide und trieb das Maultier an. „Scher dich zum Teufel mit deiner Fröhlichkeit!“, rief er dem Alten zu und trabte davon.

„Das Alter hat ihn närrisch gemacht“, murmelte er vor sich hin, doch lange noch, während er dem Lauf der Etsch flussaufwärts folgte, ging ihm das seltsame Lied nicht aus dem Kopf.

Nicht zu wissen, wer man war, woher man kam und wohin man ging – und dennoch fröhlich zu sein und nicht hilflos und verloren?

Auf einmal fielen ihm die Kranken und die Toten ein, die er gesehen hatte, das Grab seines Freundes, des Medicus, der namenlose Hügel, unter dem seine Mutter lag, die väterliche Burg, die er nicht mehr betreten durfte.

Da glaubte er die Fröhlichkeit des Fremden zu begreifen. Was einen traurig machte, das waren die Erinnerungen, die Schmerzen der Gegenwart und die Angst vor dem, was kommen würde. Wenn man davon frei war, von allem ... Du brauchst dich nicht zu wundern, Alter! Wenn du all das nicht weißt, was du behauptest nicht zu wissen, nur dann kannst du fröhlich sein!

Thomas fühlte, dass ihn neue Zuversicht erfüllte, und sie berauschte ihn wie starker Wein.

Er blickte zur Passhöhe hinauf. Dort wollte er hinüber. Dann würde er die Erinnerungen hinter sich lassen, die Angst und die Pest. Dann würde er leben und fröhlich sein.

# 5

Alle, die sich in dem hohen, hellen Raum versammelt hatten, machten traurige Gesichter, nur der alte Aaron nicht. Und dabei war er es doch, der im Sterben lag.

So unwirsch, wie einer nur sein kann, der sich kaum mehr zu rühren vermag und dessen Stimme nicht viel lauter ist als das Flüstern von Lindenblättern in einer Mittagsbrise, fauchte er die Menschen an, die sein Bett umstanden.

„Gott hat es gefallen, mir ein biblisches Alter zu gewähren. Heult ihr vielleicht, weil er mich nicht früher gerufen hat? Außerdem – sind die Zeiten nicht herzlich schlecht für die Juden? Waren sie nicht immer schlecht? Werden sie nicht auch in Zukunft herzlich schlecht sein? Also wenn ihr schon jammert, dann jammert, weil ihr nicht an meiner Stelle seid!" Ächzend lehnte er sich in die Kissen zurück. „Lasst mich jetzt ein bisschen allein", befahl er. „Nur Jakob und Ytzak sollen bleiben, und du auch, David."

Gehorsam verließen alle den Raum, bis auf Jakob und Ytzak, seine beiden Söhne, und David, seinen ältesten Enkel.

„Setzt euch zu mir", gebot Aaron. Die drei hockten sich

auf die Bettkante und sahen ihn erwartungsvoll an. Als er zu sprechen begann, waren Ärger und vorgetäuschte Munterkeit aus seiner Stimme verschwunden.

„Als es mit meinem Vater zu Ende ging, hat er seine Söhne zu sich gerufen“, sagte er, „und ihnen erklärt, was sie für die Zukunft besonders beherzigen sollten. Genauso hat es sein Vater gemacht und seines Vaters Vater, und so will auch ich es halten. Es ist ein guter Brauch, denn den letzten Willen eines sterbenden Mannes achtet man mehr als das, was er fordert, wenn er gesund und kräftig ist.“

Aaron besann sich einen Augenblick, bevor er fortfuhr: „Meistens ist es wohl nichts Außergewöhnliches, was der Vater zu sagen hat: Richtet euch nach den Geboten Gottes, behandelt eure Frauen gut, haltet das Geld zusammen und lebt in Frieden mit euren Nachbarn. Aber ich fürchte, dabei kann ich es nicht belassen.“ Forschend blickte er die Männer und den Jungen an. „Ihr habt von der tödlichen Krankheit gehört, die von Süden nach Norden fortschreitet und auf ihrem Weg ganze Landstriche entvölkert?“

„Der schwarze Tod“, antwortete Ytzak. „Niemand weiß ein Mittel dagegen.“

Aaron nickte. „Ich weiß Bescheid über diese Krankheit. Da ist eine Stadt voller Leben, der Handel blüht, der Wohlstand wächst. Ein paar Wochen danach besteht sie nur noch aus öden, verlassenen Häusern und leblosen Gassen, von Plünderern durchstreift, deren Liebe zum Gold größer ist als ihre Furcht vor dem Tod. Da schaut eine Familie hoffnungsvoll in die Zukunft, ein Haus wird gekauft, eine Hochzeit vorbereitet, ein Handelsschiff ausgerüstet. Wenig später sind alle tot, die geplant und gehofft haben ... O ja, ich kenne diese Krankheit, als ob ich sie und ihre Folgen selbst erlebt hätte ..." Der Blick des Alten verschleierte sich.

„Je ärger die Seuche wütet, umso hilfloser werden die Menschen, denn die Angst raubt ihnen die Vernunft und den Willen für das, was sie immerhin tun könnten. Gleichzeitig wächst ihr Zorn bis zur Raserei, versteht ihr das? Täglich sterben Menschen um sie herum auf schreckliche Art; täglich wird ihre Angst größer, um ihre Kinder, Eltern, Geschwister, um ihre Frauen und Männer und um sich selbst. Alle Heilmittel versagen, ihre Gebete werden nicht erhört. An der Krankheit können sie sich nicht rächen, Gott können sie nicht bestrafen. Also richten sie ihre Wut auf die, die sie ohnehin verabscheuen, weil sie nicht zu ihnen gehören. Auf die, die in ihren Städten nur geduldet sind. Denen sie zutrauen, mit dem Teufel im Bund und Urheber alles Bösen zu sein. Die sie ohne Furcht vor Strafe niedermachen können. Auf die Menschen, mit deren Blut sich das Fieber ihres Zorns abkühlen lässt und bei denen sie ihr Gewissen nicht weiter beunruhigen müssen." Aaron schwieg erschöpft.

Die beiden Männer und David rührten sich nicht und starrten ihn entsetzt an, als wollten sie ihn hindern weiterzureden.

Aber er sprach dennoch weiter. „Ja, auch wenn ihr es nicht hören wollt, genau so wird es kommen. Irgendwann, wenn die Krankheit immer neue Opfer fordert, wenn sie vor keiner Stadt und keinem Dorf mehr Halt macht, irgendwann, wenn Hilflosigkeit und Angst unerträglich geworden sind, dann wird einer schreien: ‚Die Juden sind es! Sie haben dieses Elend über uns gebracht! Sie haben die Luft verpestet und das Wasser vergiftet!‘“

„Verzeih, Vater!“ Jakob unterbrach den Alten respektvoll. „Warum sollte das einer sagen? Das wäre doch ganz unsinnig! Die Seuche kommt aus dem Süden; sie schreitet fort, ohne dass jemand etwas dazu tut, und alle sterben daran, egal, welchen Glauben sie haben. Wie kann da jemand auf den unsinnigen Gedanken kommen, uns die Schuld zu geben!“

Ungeduldig gebot ihm Aaron zu schweigen. „Hast du nicht zugehört? Nach Sinn und Verstand fragt niemand mehr, wenn das Elend groß genug ist. Ich sage dir, einer wird schreien: ‚Die Juden sind schuld!‘ Und bald werden alle mit ihm schreien.“ Er schloss die Augen, seine Stimme wurde so leise, dass die anderen ihn kaum mehr verstanden. „Dann wird großes Unglück über unser Volk kommen. Unsere Häuser und unsere Synagogen werden in Flammen stehen. Männer, die ihre Familien und ihr Eigentum schützen wollen, werden erschlagen, Frauen und Kinder ohne Erbarmen niedergemacht. Wer fliehen kann, mit nichts als dem, was er auf dem Leib trägt, kann sich noch glücklich schätzen. Aber er wird lange wandern müssen, geächtet und verfolgt: ‚Seht, einer von den Juden ..., einer von denen, die den schwarzen Tod über die Menschen gebracht haben.‘“

„Beruhige dich, Vater“, sagte Jakob sanft, „so schlimm wird es schon nicht kommen!“ Und sein Bruder fügte hinzu: „Und wenn Gott zulässt, dass es geschieht, was kann man schon dagegen tun? Es ist also ganz sinnlos, dass du dir Sorgen machst, Vater. Denk nicht mehr an deine trüben Ahnungen, ruh dich aus!“

Aaron seufzte. „O ja, ihr seid richtige Kinder Israels! ‚Es wird schon nicht so schlimm werden, und wenn – ändern kann man sowieso nichts.‘ Wie viele Leben haben diese beiden Sätze wohl schon gekostet!“ Er öffnete die Augen. Seine Stimme klang fest, als er weitersprach: „Ganz gleich, wie ihr darüber denkt, ihr werdet tun, was ich von euch verlange. Hört ihr, ich befehle es!“

Er wartete, bis seine Söhne schweigend genickt hatten. „Ihr werdet alles für eine schnelle Flucht vorbereiten“, sagte er dann. „Bei den ersten Anzeichen von Feindseligkeiten und sobald ihr von Gewalttaten gegen Juden hört, werdet ihr euch mit euren Familien auf den Weg machen. Flieht nicht nach Norden, vor der Seuche her, sondern geht ihr entgegen, nach Süden, bis ihr sie hinter euch gelassen habt. Dort, wo sie schon einige Zeit erloschen ist, seid ihr vielleicht sicher. Gelobt mir, dass ihr euch daran halten werdet!“

Als Jakob und Ytzak das getan hatten, wurde Aaron ruhiger. Sein Blick traf sich mit dem seines Enkels und er lächelte ein wenig. „Du siehst unzufrieden aus, David“, meinte er. „Was hast du an meiner Anweisung auszusetzen?“

Der Junge räusperte sich. Er war ziemlich hager und nicht besonders groß; obwohl er nicht gerade schüchtern wirkte, wie er da hockte, den Kopf zurückgeworfen, die Brauen über den dunklen Augen zusammengezogen, merkte man ihm doch an, dass er verlegen war. Er war sechzehn Jahre alt, und in dem Alter war man es nicht gewohnt, von einem Mann um Rat gefragt zu werden, schon gar nicht von einem, der dem Tod so nahe war und über so wichtige Dinge sprach.

Verstohlen sah er erst zu seinem Vater, dann zu seinem Onkel hin. Was die wohl von ihm für eine Antwort hören wollten? Er ahnte es. Aber der Großvater schien etwas anderes zu erwarten, vielleicht das, was er wirklich dachte.

Entschlossen fuhr er sich mit beiden Händen durch die lange schwarze Mähne, so dass ihm fast der *schebbes* vom Kopf fiel, und sagte: „Ich finde es auch falsch, immer nur zu warten und zu hoffen und sich dann abschlachten zu lassen wie ein hilfloser Stallhase. Aber warum befiehlst du uns dann die Flucht? Wenn man uns Unrecht tut, wieso müssen wir dann auch noch das Weite suchen?" Stirnrunzelnd sah er den alten Aaron an und fügte dann trotzig hinzu: „Jedem Goj, der mich beschuldigt die Seuche verursacht zu haben, würde ich erwidern, dass er entweder ein Dummkopf oder ein Lump ist. Und wenn er mich dann angreifen würde, würde ich mich nicht umdrehen und weglaufen, sondern bleiben und kämpfen!"

„Hört unsern Helden!", spottete Jakob, sein Onkel, und sein Vater sagte ungehalten: „Sei still, Junge, du weißt ja nicht, was du redest! Wie kannst du überhaupt ..."

Mühsam hob Aaron eine Hand und unterbrach ihn. „Lass ihn nur. Vielleicht hat er gar nicht so Unrecht." Dann wandte er sich wieder an David. „Du willst also nicht davonlaufen, wie? Du willst dein Schicksal selbst in die Hand nehmen? Vielleicht gibt es noch eine andere Möglichkeit außer der, einem Goj den Schädel einzuschlagen oder dir von ihm den deinen einschlagen zu lassen. Da drüben im Regal, in der obersten Reihe, zwischen den beiden Foliobänden, steht ein kleines Buch, das helle mit dem schwarzen Fleck auf dem Rücken. Siehst du es? Bring es mir!"

David stand auf, holte das Buch und reichte es seinem Großvater.

Aaron wollte es aufschlagen, aber es entglitt seinen schwachen Händen und fiel auf die Bettdecke. „Öffne es und lies den Titel vor!", befahl er.

„*Compendium de epidemia*", las David. „*Zusammenfassende Abhandlung über die Seuche.*" Ratlos starrte er den Alten an. Auch Ytzak und Jakob wussten nicht, was sie davon halten sollten. Jetzt, da es mit ihm zu Ende ging, schien sich Aarons Geist offenbar zu verwirren. Was sollte ihnen dieses Büchlein wohl nützen, wenn sie vielleicht um ihr Leben kämpfen mussten?

Aaron sah in ihre Gesichter und schüttelte kaum merklich den Kopf. „Ihr glaubt, mein Verstand hat mich verlassen?", fragte er. „Nein, nein, mag mein Körper auch hinfällig sein, im Kopf bin ich euch immer noch ein paar Jahrzehnte voraus. Hört mir zu!"

Es war, als ob ihm der Anblick des Buches und die Erinnerungen, die es in ihm weckte, noch einmal ein wenig Kraft verliehen hätten. Mit klarer Stimme und ohne zu stocken erzählte er, was es damit auf sich hatte.

„Früher war ich, wie ihr wisst, sehr viel in Geschäften

unterwegs. Nicht, dass es mir sonderlich viel Freude gemacht hätte. Was soll man reisen, wenn man es zu Hause so schön hat! Aber was konnte ich machen, es war eben nötig. Meistens erledigte ich, was zu erledigen war, und kehrte so bald wie möglich wieder heim.

Ganz anders war es aber, wenn mich mein Weg zu meinem Freund Moshe nach Narbonne führte. War ich bei ihm zu Gast, musste eure Mutter, sie möge mir verzeihen, immer ein paar Wochen länger als geplant auf mich warten.

Ihr hättet sie erleben sollen, die Feste bei Moshe, wo gegessen, getrunken und getanzt wurde, wo die besten Gaukler und Spielleute ihre Kunst zeigten, wo die größten Sänger Lieder zum Ruhm von Abraham und Moses zum Besten gaben!

Doch auch wenn wir allein waren, haben wir uns nie gelangweilt. Oft saßen wir in seiner Bibliothek. Bei Gott, so viele Bücher auf einem Platz habe ich nie wieder gesehen, Hunderte und Aberhunderte waren es!

Gewöhnlich griff einer von uns willkürlich eins heraus, schlug es auf und las den Titel oder den Index vor. Minuten später waren wir in ein Gespräch vertieft, das oft viele Stunden und viele Krüge Wein lang dauerte.

Einmal, ich weiß es noch wie heute, zog Moshe ein altes, unscheinbares Bändchen hervor, wog es nachdenklich in der Hand und sagte: ‚Schau dir das einmal an, ich habe es vor Jahren in Cordoba erworben. Du würdest sicher keine zwei Groschen dafür geben, und doch könntest du, wenn die Zeit gekommen ist, tausend Leben damit retten.'

Neugierig nahm ich es und öffnete den Einband. Auf der

Titelseite stand in hebräischer Sprache eben das, was David gerade vorgelesen hat: *Zusammenfassende Abhandlung über die Seuche.*

Ich hatte etwa Aufregenderes erwartet und meinte geringschätzig: ‚Ein Traktat über irgendeine längst vergangene Krankheit. Was soll daran Besonderes sein?'

‚Lies nur weiter!', forderte Moshe mich auf.

Langsam begann ich das erste Kapitel zu entziffern, ich kann es auswendig, so oft hab ich es inzwischen gelesen: ‚Im 4302. Jahr nach der Erschaffung der Welt (542 n. Chr.) wurden die Menschen zum ersten Mal von einer Krankheit heimgesucht, die furchtbarer war als alles, was jemals an Plagen über die Welt gekommen ist. Tausende ließ sie eines grässlichen Todes sterben, ganze Dörfer und Städte entvölkerte sie. Man nannte sie die Pest ...' Bald war ich mit den Besonderheiten der winzigen und ein wenig krakeligen Schrift vertraut und las, gefesselt von der Schilderung des Grauens, weiter, bis ich zu einer Stelle kam, an der es hieß: ‚Lange Zeit schien es, als sei die Seuche ausgerottet. Aber vor noch nicht drei Jahren, im Jahr 4510, (750 n. Chr.) brach sie mit großer Heftigkeit wieder aus und überzog ganz Südeuropa mit Verzweiflung und Tod.'

‚Die Krankheit ist also noch einmal zurückgekehrt', sagte ich, ‚und du glaubst ...' – ‚Ich glaube es nicht nur, ich bin fest davon überzeugt', unterbrach mich Moshe und nickte bedeutungsvoll. ‚Diese furchtbare Geißel kann die Menschen jederzeit wieder heimsuchen. Vielleicht erleben wir es noch, was Gott verhüten möge, vielleicht erst unsere Kinder oder Kindeskinder ...'

‚Und mit diesem uralten Traktat soll man den Kampf gegen sie aufnehmen?', fragte ich spöttisch.

‚Ja, womit denn sonst, wenn es doch nichts anderes gibt?', rief Moshe aufgebracht und fuhr fort: ‚Du würdest nicht spotten, wenn du es ganz gelesen hättest. Du weißt doch, dass unser Volk nie besonders kriegerisch gewesen ist, zumindest nicht, seitdem es in alle Welt verstreut lebt. Wie sollten Juden wohl auch kriegerisch werden, wenn sie überall in der Minderzahl waren, immer die Schwächeren, mal geduldet, mal von einer erdrückenden Übermacht verfolgt. Sie mussten andere Eigenschaften erwerben um überleben zu können – Duldsamkeit, Wendigkeit und den Ehrgeiz, die Besten zu werden. Denn wer der Beste ist auf seinem Gebiet, der ist am ehesten sicher vor Verfolgung und Demütigung.

Da hast du den Grund dafür, dass aus unseren Reihen so viele erstklassige Schreiber und Buchmaler hervorgegangen sind, so viele mit allen Wassern gewaschene Kaufleute, so hervorragende Mathematiker, Astronomen – und vor allem Ärzte. Einer von ihnen, der vor 600 Jahren lebte, hat diese Schrift verfasst.' Moshe sah sich prüfend um, als fürchte er belauscht zu werden, und senkte die Stimme. ‚Ich habe nicht alles verstanden, denn das Werk wimmelt im zweiten Teil, wo es um die Ursachen und die Behandlung der Pest geht, von Fachausdrücken und gelehrten Zitaten. Aber eins weiß ich doch: Dieser Mann, Shabatai nannte er sich, muss einer der größten Ärzte gewesen sein, die je gelebt haben. Stell dir vor, niemand hatte eine Ahnung, wie die Krankheit entstand, niemand konnte den Unglücklichen helfen, die von ihr befallen waren. Er allein hat ihre Ursachen ergründet, er wusste, wie man sich zuverlässig vor ihr schützen konnte, und in etlichen Fällen konnte er sie sogar heilen. Und das alles', er klopfte auf das Buch, das ich noch immer in der Hand hielt, ‚steht hier drin.'

Ich gebe zu, dass ich beeindruckt war. Während ich weiterblätterte und las, begann ich zu ahnen, welche Schäden die Schrecken erregende Seuche unter den Völkern angerichtet und welche Verwüstungen sie in den Seelen der Menschen hinterlassen hatte.

Kurz und gut, auch dies wurde ein langer Abend, in dessen Verlauf wir manchen Becher leerten. Bevor wir zu Bett gingen, bat ich meinen Freund: ‚Lass mir von dem Pestbuch eine lateinische Abschrift machen!' Das versprach er mir gern, und als ich zwei Wochen danach die Heimreise antrat, hatte ich sie im Gepäck.

Der Rest ist schnell gesagt. Einige Jahre später starb Moshe plötzlich in seinen besten Jahren. Unverständige Erben verkauften einige seiner Handschriften, die sie für wertvoll hielten, der Rest wurde für ein paar Groschen in Makulatur verwandelt. So ging seine unersetzliche Bibliothek verloren, und dies hier", Aaron deutete auf das Buch, „ist wahrscheinlich die einzige Abschrift von Shabatais Traktat über die Pest. Versteht ihr jetzt, was David in den Händen hält? Das einzige Mittel, das es gibt, um den schwarzen Tod zu besiegen!"

Aaron war jetzt sichtlich am Ende seiner Kräfte, seine Augen glänzten fiebrig, auf seinen eingefallenen Wangen leuchteten rote Flecken.

„Vaterleben, du musst dich schonen“, sagte Ytzak besorgt, aber der Alte war noch nicht fertig.

„Hört mir noch einen Augenblick zu“, verlangte er, „es dauert nicht mehr lang. Wenn die Pest einige Zeit gewütet hat – mögen es Monate, mag es ein Jahr sein – wenn die Menschen sterben wie die Fliegen, dann wird man einen Sündenbock suchen. Und dieser Sündenbock, ich sage es euch, werden die Juden sein. In Spanien, in Frankreich und in Italien hält der schwarze Tod seit Monaten seine furchtbare Ernte. Bis nach Burgund und Tirol ist er schon vorgedrungen, bald wird er auch Basel erreicht haben. Dann seid ihr in höchster Gefahr. Ihr müsst eure Familien schützen, vor der Krankheit, und mehr noch vor der Wut der Gojim. Deshalb haltet euch bereit zur Flucht, achtet meinen letzten Willen!

Aber für dich, David, habe ich einen Auftrag, wenn du wirklich etwas tun willst, ohne gleich Gojim totzuschlagen.

So kostbar das Wissen in diesem Buch ist – für uns ist es wertlos, weil wir nichts damit anfangen können. Es muss einem Mann anvertraut werden, der klug genug ist, den Inhalt in die Tat umzusetzen, und weise genug um es zum Nutzen unseres Volkes anzuwenden.

Ich kenne einen solchen Mann. Er ist ein hoch angesehener Arzt, auch unter den Christen. Wenn er den Leuten die Ursachen der Pest erklären, wenn er Gesunde vor ihr schützen und Kranke heilen kann, dann wird er auch das Leben vieler Juden retten. Er heißt Abraham ben Meir und lebt in Mainz. Bring ihm das Buch, David! Versprich es mir!“

Die letzten Sätze hatte der alte Aaron nur noch mit

großer Anstrengung hervorgestoßen, die Stimme drohte ihm zu versagen. So erschöpft war er, dass er sofort die Augen schloss und wenige Augenblicke später schlief.

Seine Söhne sahen sich ratlos an. „Was ist los mit ihm?“, fragte Jakob.

Ytzak zuckte die Achseln. „Es ist die Angst vor dem eigenen Tod, die ihn so schwarz sehen lässt. Oder er ist nicht mehr bei klarem Verstand. Bisher gibt es noch keinen einzigen Pestkranken in der Stadt und er sieht uns schon alle als Sündenböcke ermordet. Hirngespinste! Und dass man mit diesem Buch irgendetwas bewirken könnte! Glaubst du das? Wenn heute niemand ein Mittel gegen die Krankheit weiß, dann hat auch damals niemand eins gewusst. Besser ist es, auf Gott zu vertrauen, als seine Hoffnungen auf einen uralten Traktat zu richten. Jedenfalls lasse ich nicht zu, dass David ...“

„Aber Vater!“ David war so empört, dass er die Anstandsregeln missachtete. „Es ist sein letzter Wunsch an mich! Ich muss ihn erfüllen!“

Ytzak beachtete ihn gar nicht. „Stell dir vor, der Junge, allein, so eine weite Reise ...“

„Du willst ihn also nicht gehen lassen?“

„Natürlich nicht! Jetzt sag mir bloß, dass du anders darüber denkst!“

Jakob kratzte sich den Kopf und warf einen unsicheren Blick auf den schlafenden Alten. „Ich weiß nicht. Natürlich hast du Recht, es ist unvernünftig, den Jungen auf so eine weite Fahrt zu schicken. Andererseits – den letzten Willen des Vaters zu missachten, das ist eine Sünde, die ich nicht gern auf mich laden würde. Also ... also lass ihn, in Gottes Namen!"

David nickte seinem Onkel dankbar zu. „Ich werde auch ganz vorsichtig sein!"

„Ja, vorsichtig", brummte sein Vater, „so vorsichtig, wie du mit dem Mundwerk zurückhaltend bist!"

Ytzak sträubte sich noch eine Zeit lang, aber schließlich war es beschlossene Sache: David würde in Begleitung eines zuverlässigen Dieners nach Mainz reisen, sobald der erste Fall einer Pesterkrankung bekannt geworden war – nicht eher, darauf hatte Ytzak bestanden.

Es war der letzte Schlaf des alten Aaron. Er wachte am Abend und in der Nacht nicht auf, und als frühmorgens seine Frau wieder nach ihm sah, merkte sie, dass er inzwischen zu atmen aufgehört und seine Seele Gott zurückgegeben hatte.

Am selben Tag, wie es vorgeschrieben ist, wurde Aaron bestattet, und seine Familie und seine Freunde trauerten um ihn, wie man um einen guten Menschen trauert.

Die *shiva* war gerade vorüber, da brachte eine der Frauen vom Markt eine Neuigkeit, die alle mit Furcht und Entsetzen erfüllte: „Die Pest ist in Basel! Zwei Männer sind erkrankt, der eine soll dem Tod schon näher als dem Leben sein!"

David war der Einzige, der bei der schrecklichen Nachricht so etwas wie Genugtuung empfand, denn jetzt endlich konnte die Reise beginnen, die er im Auftrag seines Großvaters antreten sollte. Und wirklich, als er bei seinem Vater –

ganz beiläufig, um nicht seinen Zorn zu erregen – nachfragte, meinte der nur kurz: „Ich bin zwar immer noch dagegen, aber so ist es einmal beschlossen, so wird es gemacht."

David jubelte innerlich, doch gleich darauf erhielt seine Freude einen Dämpfer.

„Josua wird dich begleiten", verkündete Ytzak. Josua war der Hausknecht, einer, der Holz hacken konnte für vier, aber denken nur für einen halben, und der bestimmt nie etwas mitmachen würde, was gegen Ytzaks Anweisung war.

David wollte vorsichtig Einspruch erheben, aber sein Vater wischte jeden Einwand mit einer endgültigen Handbewegung beiseite.

„Es wird so gemacht, wie ich es gesagt habe. Übermorgen schon könnt ihr losgehen."

Der nächste Dämpfer! „Wieso *gehen*?", erkundigte sich David fassungslos. „Bekommen wir keine Pferde?"

Ytzak rang die Hände. „Junge, hast du denn gar keinen Verstand? Du sollst ein Buch überbringen, das angeblich unersetzlich wertvoll ist. Angeblich ist das Leben in Zeiten der Pest für Juden äußerst gefährlich. Ich mag das zwar alles nicht so recht glauben, aber wer weiß. Zwei Juden, die hübsch bescheiden und demütig zu Fuß gehen, sind jedenfalls allemal sicherer, als wenn sie hoch zu Ross daherkommen."

David murmelte etwas, das so klang wie: „Wer den Hintern immer bereitwillig hinhält, muss sich nicht wundern, wenn er hineingetreten wird", aber Ytzak tat, als ob er es nicht hörte. Damit war klar, dass die Pferde im Stall bleiben würden.

Aber sonst, das musste man Ytzak lassen, stattete er die beiden Reisenden bestens aus. Zwar war dem Kalender nach schon Sommer, aber einer, der den Namen nicht verdiente, einer mit kalten Nächten, mit Nordwind und ständig verhangenem Himmel. Also bekamen sie warme, gefütterte Mäntel, dazu feste Stiefel, Hemden und Fußlappen zum Wechseln, reichlich Proviant und eine großzügige Anzahl bester Basler Gulden, die sie zum Teil in ihren breiten, hohlen Gürteln verstauten, zum Teil in den Saum ihrer Mäntel einnähten.

Das kostbare Buch wurde in dickes Pergament gewickelt und sorgsam verschnürt. An der linken Außenseite von Davids Obergewand, unter der Achsel, fügte seine Mutter mit doppelten Nähten eine breite Tasche an – darin sollte er es tragen.

# 6

Und dann war der Reisetag auch schon gekommen. Früh am Morgen, sobald die Tore geöffnet worden waren, machten sich David und Josua, reichlich mit Ermahnungen versehen, auf den Weg.

Sie passierten das Tor, das für die Juden vorgeschrieben war und zahlten die Abgabe, die man von den Juden verlangte. Dann gingen sie ein Stück an der Stadtmauer zurück, bis sie die Straße erreichten, die am Rhein entlang nach Nordwesten führte.

David war mit sich und der Welt zufrieden. Er hatte einen wichtigen Auftrag, weit und breit gab es niemanden, der ihm Vorschriften machte; er war sein eigener Herr. Vielleicht wartete sogar das eine oder andere kleine Abenteuer auf ihn. Er glaubte es zwar nicht – denn was sollte schon passieren auf einer Wanderschaft von Basel nach Mainz – aber man konnte ja nie wissen.

Allerdings, hoch zu Ross hätte es sich noch angenehmer reisen lassen, und einen etwas gesprächigeren Gefährten hätte er sich auch gewünscht ...

Nach ein paar Versuchen, mit Josua eine Unterhaltung anzuknüpfen, gab er es auf, denn dessen Wortschatz bestand aus genau fünf Wörtern: ja, nein, vielleicht, weiß nicht. Dazu kam noch ein Grunzen, das so viel wie „Dazu habe ich keine Meinung“ oder „Ist mir egal“ bedeutete.

So fand es David bald vergnüglicher, einer Ente hinterherzuschauen, die schnatternd vom Fluss aufflog, oder einem bunten Falter, der taumelnd an ihnen vorbei durch die taufeuchte Morgenluft flatterte, oder einem Bussard, der sich über ihnen höher und höher in den Himmel schraubte.

Unter der linken Achsel spürte er das Buch. Erst gefiel ihm das, so wie einem Knappen, der zum ersten Mal ein Schwert tragen darf. Dann, weil sein beim Gehen schwingender Arm ständig daranstieß, wurde es ihm lästig, aber das hätte er niemals zugegeben.

Es waren nur wenig Reisende unterwegs an diesem kühlen Oktobertag, meist Fuhrleute, deren Karren mit Obst, Holz oder Fässern voll jungem Wein beladen waren. Manche nickten mehr oder weniger freundlich, andere stapften grußlos vorbei.

Ein paar Mal begegneten ihnen auch Grüppchen von Pilgern, die grüßten nie. Manche warfen ihnen finstere Blicke zu, einmal spuckte einer sogar aus und schwang drohend seinen Stab. Denn an ihren spitzen Hüten, die wie umgekehrte Trichter auf ihren Köpfen saßen, waren die beiden Reisenden schon von weitem als Juden zu erkennen. Es war ihnen nicht vorgeschrieben, sie zu tragen, aber als Ytzak ihnen für die Reise eine unauffälligere Kappe vorgeschlagen hatte, hatte David nur stolz erwidert: „Wieso, soll ich mich etwa schämen zum auserwählten Volk zu gehören?“

Darauf hatte sein Vater nichts entgegnen können, und Josua hatte ohnehin keinen Einwand, denn er dachte längst nicht so weit, wie der Hut hoch war. Also trugen sie ihre Trichterhüte, Josua mit Gleichmut und David mit eigensinnigem Stolz, und scherten sich nicht um die Abneigung der Pilger.

Am Mittag des zweiten Tages – sie hatten sich zur Rast im Gras niedergelassen – trottete wieder einer die Straße entlang, auf seinen Stab gestützt.

Doch zu Davids Erstaunen ging er nicht wortlos oder schimpfend an ihnen vorbei, sondern kam über die Wiese auf sie zu, wünschte ihnen freundlich einen guten Tag und bat: „Darf ich mich zu Euch setzen? Ich bin müde und schon so lang allein, dass ich mich über menschliche Gesellschaft sehr freuen würde."

„Selbstverständlich dürft Ihr das", gab David zurück und fügte spöttisch hinzu: „Sollte es Euch entgangen sein, dass wir Juden sind?"

Der Fremde neigte demütig den Kopf. „Ich bin nur ein sündiger Mensch", sagte er, „wie könnte ich mich da über den Glauben anderer Leute erheben? Ist nicht unser Gott auch Euer Gott und unser aller liebender Vater?"

Gab es das, dass ein Christ so redete? Das klang ein bisschen zu demütig, zu menschenfreundlich. David sah zu Josua hinüber. Wenn er jedoch gehofft hatte, in dessen Miene irgendein Urteil über den Fremden lesen zu können, so wurde er enttäuscht. Josua hielt einen Kanten Brot in den Händen, von dem er gerade abbiss, und der Vorgang des Kauens war offenbar alles, was ihn gerade beschäftigte.

David unterdrückte einen Seufzer. Das war vielleicht ein Reisegefährte! Wenn der Papst vor seinen Augen zum Judentum übergetreten wäre – Josua hätte das nicht mehr erschüttert, als wenn ihm beim Ausatmen ein Furz entfahren wäre.

„Lasst Euch nieder“, sagte David also zu dem Fremden, der immer noch bescheiden wartend vor ihm stand. „Ihr seid uns willkommen.“ Aber er beschloss auf der Hut zu sein.

Der Pilger dankte ihm, trat aber zunächst zur Seite, kniete nieder und betete eine Weile still. Dann kam er zurück und setzte sich auf die Ecke des ausgebreiteten Mantels, die David ihm anbot.

Eine Weile saßen die drei Männer schweigend in der blassen Oktobersonne. Der Fremde hatte seinen großen Mantelsack und seinen Stab abgelegt und es sich bequem gemacht. Die Beine gekreuzt, die Hände im Schoß gefaltet, saß er da und schaute durch die kahlen Äste der Esche, die sich über ihnen ausbreiteten, in den blaugrauen Himmel.

David nutzte die Gelegenheit, ihn möglichst unauffällig näher in Augenschein zu nehmen. Er war kein junger Mann mehr, vielleicht um die dreißig, und trug einen schwarzen Pilgerhut, dessen breite Krempe das hagere, bärtige Gesicht beschattete. Seine hellblauen Augen waren zu schmalen Schlitzen zusammengezogen, so dass sie ausdruckslos wie hinter einer Maske wirkten. Das Auffälligste an seinem Gesicht war die Nase. Sie war platt, schief und verwachsen, so als ob sie, von einem Fausthieb zerschlagen, dauerhaft ihre Form verloren hätte.

Das grobe, abgetragene Gewand des Fremden war über seine Knie hinaufgerutscht, und David bemerkte, dass sie mit einer dicken Schicht aus Dreck und Schorf überkrustet waren. Das hatte er schon gesehen, bei fanatischen Pilgern, die Gott ihre Hingabe zeigten, indem sie sich unvorstellbare Qualen zufügten und lange Strecken ihres Wegs auf Knien rutschend zurücklegten. So einer war das? Und der setzte sich freiwillig zu zwei Juden? David konnte sich keinen Reim darauf machen.

Plötzlich, als ob er gemerkt hätte, dass die Musterung abgeschlossen war, begann der Fremde zu sprechen. „Wohin führt Euch Eure Reise?“, fragte er.

„Am Rhein entlang“, erwiderte David kurz angebunden. Gehörte es sich etwa, andere Menschen auszufragen, zu denen man sich eben erst gesetzt hatte?

Der Mann bemerkte seinen Fehler sofort. „Vergebt mir meine Unhöflichkeit! Warum solltet Ihr mir Auskunft geben, wenn Ihr nichts von mir wisst! Aber die Einsamkeit meiner Pilgerschaft ... Ich habe das Gespräch so lang entbehrt ...“ Dann begann er von sich zu erzählen. David und Josua – obwohl man dem nicht anmerkte, ob er zuhörte – erfuhren, dass er aus Colmar stammte und eben von einer Pilgerfahrt nach Rom dorthin zurückkehrte. So begeistert schilderte er die Herrlichkeit der Ewigen Stadt, so gläubig die Wunder, die er dort mit eigenen Augen gesehen habe, dass Davids Misstrauen schwand.

Ein wirklich frommer Christ, dachte er, ein bisschen einfältig. Vielleicht hat er sich deshalb zu uns gesetzt. Er ist zu einfältig um die Juden zu verabscheuen.

Als der Fremde seinen Bericht beendet hatte, öffnete er seinen Mantelsack. Er holte ein Päckchen daraus hervor, würziger Duft nach Geräuchertem breitete sich aus.

„Ihr habt mir erlaubt", sagte er, „mich zu Euch zu setzen. Erlaubt Ihr mir auch, Euch von meinem Schinken anzubieten?"

„Danke, nein. Schweinefleisch dürfen wir nicht essen", erwiderte David knapp und dachte: Bei Gott, er ist wirklich einfältig!

„Aber ich habe auch", sagte der Fremde eifrig und kramte in seinem Reisesack, „noch ein schönes Stück Hammelbraten. Mögt Ihr davon ein Stück probieren?"

„Bemüht Euch nicht", wehrte David ab, „auch das ist uns verboten, wenn es nicht von einem Tier stammt, das nach unseren Vorschriften geschlachtet wurde."

„Verzeiht", seufzte der Mann, „ich wollte Euch so gern etwas Gutes tun, aber ich kenne Eure Bräuche nicht. Doch etwas habe ich, das dürft Ihr mir nicht abschlagen." Während er eine tönerne Flasche hervorzog, fuhr er fort: „Ihr wundert Euch vielleicht, wieso ein armer Pilger solche Köstlichkeiten besitzt. Fast kommt es mir jetzt noch wie ein Wunder vor, denn mit dem heutigen Tag endet mein Fastengelübde. Heute Morgen ritt mir ein vornehmer Herr entgegen, von etlichen Gefolgsleuten begleitet. Als er mich sah, ließ er die ganze Gruppe halten und fragte mich, woher ich käme. Aus der heiligen Stadt Rom, erwiderte ich. Da befahl er einem seiner Diener mir all das zu geben: Schinken, Fleisch und diesen Wein", er hob die Flasche, „der bestimmt erstklassig ist. Ich bitte Euch, trinkt davon!"

David zögerte und wollte schon zum dritten Mal ablehnen, doch dann gewann seine Höflichkeit die Oberhand – und der Ausdruck in Josuas Gesicht. Denn der stumpfe Gleichmut war wie weggeblasen und sehnsüchtigem Verlangen gewichen.

„Ich danke Euch“, sagte er deshalb und nahm die offene Flasche aus den Händen des Fremden entgegen. Da bemerkte David, dass ihm der rechte Zeigefinger fehlte. „Wie ist das geschehen?“, fragte er neugierig.

„Ach, das ist schnell erzählt. Trinkt nur!“

Während David zwei große Schlucke die Kehle hinunterrinnen ließ und dann die Flasche an Josua weiterreichte, sagte der Pilger: „Ein Fuhrwerk war umgekippt, in einem Hohlweg in der Nähe meiner Heimatstadt. Die zwei Kinder des Fuhrmanns saßen auf dem Wagen, als das Unglück geschah, und das kleinere geriet unter ein Rad, die ganze schwere Last auf sich. Gott gefiel es, mich zu seinem Werkzeug zu machen. Ich kam am Unglücksort vorbei, gerade noch rechtzeitig, sonst wäre das Kind erdrückt worden. So aber packte ich das Rad, wuchtete die ganze Fuhre hoch, der Vater zerrte sein Kind darunter hervor – es war gerettet. Aber Gott verlangte mehr von mir, er wollte mich prüfen an diesem Tag. Der Wagen setzte sich in Bewegung, rutschte, mich verließen die Kräfte, mein Finger geriet unter die scharfe eiserne Kante des Reifens und wurde zerquetscht. Wenig später hat ein Bader mir entfernt, was davon noch übrig war.“

David stutzte. Wie war das möglich? Nur ein einzelner Finger war unter das Rad geraten, nicht die ganze Hand?

Das Misstrauen kehrte zurück. Er wollte nachfragen, aber die Stimme des Fremden übertönte ihn: „Ich dankte Gott für den Verlust, denn, so frage ich Euch, was ist schon eine gute Tat wert, wenn sie keine Opfer kostet?"

Irgendetwas klang falsch an dieser Stimme, misstönig, schrill; sie hallte wie in einem leeren Raum, dröhnte schmerzhaft in den Ohren: „Was ist schon eine gute Tat wert, wenn sie keine Opfer ..." und brach plötzlich ab.

Als David langsam seinen schmerzenden Kopf hob, hatte er den modrigen Geschmack von Erde und Gras im Mund. Erst wusste er nicht, was überhaupt geschehen war, aber dann kam die Erinnerung, und wie ein Schock durchfuhr ihn eine fürchterliche Ahnung. Mit einem Satz war er auf den Beinen, taumelte, fing sich wieder, sah an sich herunter und tastete sich dann ab, als hoffte er, seinen Augen nicht trauen zu können.

Verdammter Goj, dreimal verfluchter Hurensohn, scheinheiliger, stinkender Ziegenbock! Immer noch fassungslos starrte er an sich herunter, auf das lose fallende Gewand, an dem der Gürtel mit dem Gold fehlte, auf die Tasche unter seiner Achsel, aus der das Buch, das kostbare Buch, verschwunden war.

Er ließ sich ins Gras fallen. Tränen der Wut stiegen ihm in die Augen, mehr noch auf sich selbst als auf den Gott lästernden Lumpen, der ihm das angetan hatte.

Für einfältig hatte er ihn gehalten! Hier war nur einer einfältig gewesen, und zwar er selbst. Wie der allergrößte Dummkopf hatte er sich an der Nase herumführen lassen.

Auf schmutzige Knie, ein bisschen demütiges, frömmelndes Gefasel und verlogene Freundlichkeit war er hereingefallen. Er hätte es wissen müssen. Juden und Christen waren wie Feuer und Wasser, daran würde sich nie etwas ändern. Wenn ein Goj zu einem Juden freundlich war, dann hatte er entweder Schulden bei ihm oder er war ein Betrüger. Trauen durfte man ihm jedenfalls nicht.

David hob eine Faust und schüttelte sie drohend, aber gleich ließ er sie wieder sinken. Leer und verlassen dehnte sich die Straße und seine Gebärde erschien ihm lächerlich und kindisch.

Da fiel sein Blick auf seinen Gefährten. Gott der Gerechte! Er lag immer noch regungslos im Gras. Hatte der falsche Pilger ihn etwa umgebracht? David kniete bei ihm nieder und schüttelte ihn, erst sanft, dann derber. „Josua, komm zu dir!"

Erst zuckten die ansehnlichen Schultern, dann war ein lautes Ächzen zu hören. Dem Herrn sei Dank, er lebte! Schwankend richtete er sich auf und sah David verwirrt an. Er war bleich wie ein Schafskäse, auf seiner Stirn prangte eine mächtige Beule. „Was ist geschehen?", fragte er benommen.

„Was geschehen ist?", fauchte David. „Wir sind ausgeplündert, unser Geld, das Buch – alles weg! Das ist geschehen!" Er rang mühsam nach Fassung. „Das Schwein hat uns erst vergifteten Wein gegeben und zur Sicherheit hat er dir dann noch eins über den Schädel gezogen."

Er stöhnte und griff sich an den Hinterkopf, wo er eine deutliche Schwellung fühlte. „Und mir auch!"

„Ja ... ja, aber ... er ... er war doch – so sanft und freundlich!“, stotterte Josua.

„Ja ... ja, aber ... er ... er war doch so – sanft und freundlich!“ David äffte ihn höhnisch und wütend nach. „Wahrscheinlich hat er dich mit der sanftesten und freundlichsten Absicht auf den Kopf gehauen um dein Denken zu beschleunigen, aber das ist ihm völlig misslungen! Er ist uns hinterhergeschlichen, bis sich eine passende Gelegenheit geboten hat, und dann hat er uns eingewickelt mit seiner Freundlichkeit.“ Wieder übermannte ihn der Zorn. „Hängen soll er, der verfluchte Räuber!“, tobte er. „Wie fein er das eingefädelt hat! Zweimal hat er uns etwas angeboten, was wir ablehnen mussten. Wie hätten wir da den Wein noch zurückweisen können ohne eine grobe Unhöflichkeit zu begehen? Genau so hat er es geplant. Und du! Musstest du die Flasche so gierig anstarren, als wolltest du sie gleich mitverschlingen?“

Josua wollte etwas einwerfen, aber David fuhr ihm über den Mund.

„Ach, sei doch still! Wenn ich schon zu dumm war ihn zu durchschauen, hättest du dann nicht besser aufpassen können? Dafür bist du doch schließlich mitgekommen! Was glaubst du wohl, wo der Lump seinen Finger verloren hat?“

„Na, er hat's uns doch erzählt“, meinte Josua zögernd.

„O Herr, erleuchte ihn, aber du wirst viele Lichter brauchen! Hast du's immer noch nicht begriffen, du dummer Kerl? Der hat nicht zum ersten Mal geraubt und gestohlen!“

Josua schlug sich mit der Hand an die Stirn. „Jetzt versteh ich! Sie haben ihn erwischt und ihm zur Strafe den Finger abgehackt!"

„Welch überragende Schlussfolgerung", spottete David, „nur leider kommt sie ein bisschen spät. Und deshalb stehen wir jetzt da – ohne das Buch, das mir anvertraut worden ist, und ohne einen Pfennig Geld."

„Ach, nimm's nicht so schwer", versuchte Josua ihn zu trösten, „wir haben ja noch das Gold, das in unsere Mäntel eingenäht ist."

„Was tut Gott!", schrie David da und raufte sich das Haar, „er gibt mir einen zweiten Salomo mit auf die Reise! Siehst du irgendwo unsere Mäntel, du Ochse?" Sofort tat ihm sein Ausbruch Leid, und er legte dem Diener die Hand auf die Schulter. „Nimm's mir nicht übel, Josua! Wenn ich dich beschimpfe, dann meine ich auch mich selbst. Ich bin genauso ein Dummkopf gewesen." Er dachte eine Zeit lang nach, dann meinte er: „Es gibt nur eine Möglichkeit. Wir müssen ihm hinterher."

Josua machte ein bedenkliches Gesicht. „Ohne Geld? Und was würde dein Vater dazu sagen?"

„Mein Vater? ‚Ich hab's ja gleich gewusst', würde er sagen. Und: ‚Kein Geld und keine Mäntel mehr? Kehrt sofort um!'"

„Genau das machen wir jetzt", sagte Josua.

David stampfte aufgebracht mit dem Fuß auf. „Nein!"

„Doch!", wiederholte Josua unbeirrt. „Ich habe deinem Vater versprochen auf dich aufzupassen und dich heil wieder zurückzubringen."

„Hättest du dir den verdammten Goj besser angeschaut und nicht so viel Wein gesoffen!“, schrie David. „Du bist ja gar nicht imstande auf mich aufzupassen, du Holzkopf!“ Sein Zorn wich der Verzweiflung. „Ich kann nicht so einfach zurück, Josua. Ich habe meinem Großvater ein Versprechen gegeben. Ich muss es erfüllen. Er hat mich beschworen, das Buch richtig abzuliefern; es kann viele Leben retten, hat er gesagt. Und ich glaube ihm, denn er war viel klüger als mein Vater und mein Onkel zusammen. Deshalb muss ich das Buch zurückholen, und zwar schnell! Was glaubst du, was dieser plattnasige Gauner damit anfangen kann? Er schaut nach, ob vergoldete Miniaturen drin sind oder sonst etwas Wertvolles, und wenn nicht, schmeißt er das Buch weg oder verbrennt es. Dann ist es für immer verloren.“ Er hielt atemlos inne: „Also, was ist jetzt?“

Als er sah, dass Josua, unbeeindruckt von seinem Ausbruch, immer noch stur den Kopf schüttelte, wurde er plötzlich ganz ruhig. „Gut, Josua. Geh du nach Hause zu meinem Vater. Ich werde die Verfolgung allein aufnehmen.“

Ohne sich weiter um den Diener zu kümmern, sammelte er auf, was der Dieb aus seinem Rucksack herausgerissen und dann weggeworfen hatte: Wäsche, Trinkflasche, Verpflegung, alles war noch da. Zu seiner Erleichterung fand er, eingewickelt in sein Mundtuch, etliche Groschen Handgeld, das er dort verstaut hatte, um nicht vor Fremden den Gürtel öffnen und seine ganze Barschaft zeigen zu müssen. Der falsche Pilger hatte es nicht gefunden oder angesichts der reichen Beute nicht beachtet. Für ein paar Nächte mit einer einfachen Mahlzeit und einem Lager im Stall würde es reichen.

Er warf sich den Rucksack über und ging über die Wiese auf die Straße zu.

„Halt, halt, warte doch! Ich komm ja mit!“ Eilig stapfte Josua hinter ihm her.

„Das fällt dir reichlich spät ein“, knurrte David, aber er wartete, bis der Diener ihn eingeholt hatte.

„Was ist, wenn wir ihn kriegen?“, schnaufte Josua, „und er ist nicht allein? Er ist ein frommer Pilger und wir sind Juden!“

Abrupt blieb David stehen. „Du hast Recht“, sagte er verbittert, „was können wir schon machen, wir sind Juden, und ein Jud ist höchstens selbst ein Dieb, aber niemals ein Bestohlener.“ Nachdenklich strich er sich über seinen dunklen Schopf. Plötzlich grinste er. „Wir sind Juden?“, fragte er. „Wer sagt das? Wir werden einfach als Gojim weiterreisen. Und wenn wir den Hundesohn eingeholt haben, dann werden wir ...“

„Ja?“, fragte Josua.

„Ich weiß noch nicht“, erwiderte David voller Unbehagen, denn ihm war in den Sinn gekommen, was er seinem Vater vor zwei Tagen gesagt hatte: „Soll ich mich etwa schämen zum auserwählten Volk zu gehören?“ Ihm würde schon etwas einfallen ... „Wo sind eigentlich unsere Hüte?“, erkundigte er sich um auf andere Gedanken zu kommen.

Josua zuckte die Achseln. „Ich weiß nicht.“

Am Straßenrand fanden sie die Hüte. Der angebliche Pilger war auf ihnen herumgetrampelt, dann hatte er über ihnen sein Geschäft verrichtet, als verächtlichen Abschiedsgruß, von grünblau schimmernden Fliegen umsummt.

Schweigend sahen die beiden darauf nieder.

„Da siehst du“, meinte David schließlich, „was geschieht, wenn ein Jude sich mit einem Goj einlässt: Er wird beschissen. Merk dir's, ich werd's mir bestimmt merken. Und jetzt los, dem Kerl hinterher!“

Doch das war gar nicht so einfach. Auf der Straße sah sich David ratlos um. „In welche Richtung er wohl gegangen ist?“

„Ich weiß nicht ...“ Josua deutete flussaufwärts, woher sie gekommen waren. „Dahin vielleicht?“

„Vielleicht ... Warte hier!“ David lief ein Stück zurück und musterte dabei die Straße, als könne sie ihm Auskunft geben.

Mit finsterer Miene kam er zurück. „So hat das keinen Zweck“, sagte er. „Jetzt hab ich dich gerade überredet mitzukommen, aber es hilft nichts: Wir müssen uns trennen. Du gehst zurück, ich laufe flussabwärts.“

„Nein!“, sagte Josua.

„O doch!“ David atmete tief durch. „Ich will dieses Buch zurück, hast du das jetzt endlich verstanden? Und du wirst jetzt tun, was ich sage! Geh bis zum nächsten Gasthaus und frag, ob der Lump da vorbeigekommen ist. Du brauchst nur seine platt gehauene Nase zu erwähnen, die kann niemand übersehen. Vielleicht hat er sogar irgendwem erzählt, wohin er will. Wenn du kein Glück hast, komm morgen früh so schnell wie möglich hinter mir her. Ich mach's genau wie du, bloß in der anderen Richtung.“

Er drückte dem immer noch widerstrebenden Diener die Hälfte seiner Barschaft in die Hand, rief ihm einen Gruß zu und eilte davon ohne noch einmal den Kopf zu wenden – bis zur nächsten Biegung, dann sah er sich verstohlen um.

Josua stand immer noch da und stierte auf die Münzen auf seiner Handfläche.

„Gerechter Gott“, murmelte David, während er weiterging, „du hast ihm die Kraft eines Ochsen gegeben – warum nicht auch wenigstens seinen Verstand?“

Er beschleunigte seine Schritte und fiel schließlich in Trab; das fiel ihm nicht leicht, denn sein Kopf brummte noch immer, doch er wollte unbedingt vor Einbruch der Dunkelheit einen Gasthof erreichen. Sein Wunsch, dem verhassten Pilger seinen Raub wieder abzunehmen, trieb ihn an und auch die Angst, ohne Mantel in seinem dünnen Gewand eine Nacht im Freien verbringen zu müssen.

Die Sonne stand tief und hatte ihr letztes bisschen Kraft verloren; aus den Wiesen und dem Fluss kräuselte Nebel empor. David fröstelte, erst allmählich wurde ihm vom Laufen warm.

Unvermittelt hielt er an. Irgendetwas war ihm aufgefallen ... Er ging einige Schritte zurück, suchte den Boden ab ... Da war es! Jemand hatte ausgespuckt. Schleimig glänzte der Speichel auf einem großen Stein, daneben lag ein Stück zerkaute Schinkenschwarte. Mit neuer Energie lief David weiter. Er wusste, er war auf der richtigen Spur!

Als von der Helle des Tages nur noch ein trüber, grauer Schimmer geblieben war, sah David zu seiner Linken einen einsamen Hof liegen. Ein paar Schafe und Ziegen drängten sich auf einer kümmerlichen Weide, im Gärtchen vor dem Haus kniete eine Frau auf der Erde.

Langsam kam David näher, unwillkürlich kam ihm ein „Scha..." über die Lippen, doch das „-lom" hielt er gerade noch zurück und machte geistesgegenwärtig ein „...fft Ihr es noch bis zum Einbruch der Dunkelheit?" daraus.

Die Frau blickte zu ihm auf. Sie war alt, ihr rundes Gesicht von Falten durchzogen, aber ihre Hände waren glatt, kräftig und groß wie die eines Mannes. Sie lächelte ihm zu und erwiderte: „Ich bin gleich fertig." Und, als ob sie ihm eine Erklärung schuldete, fügte sie hinzu: „Ich habe Knoblauch gesteckt. Er wird nur richtig weiß, wenn man ihn schon im Herbst steckt." Ein wenig mühsam erhob sie sich, streckte sich und wischte sich die Hände an der Schürze ab. „Wieso ist ein junger Bursche wie du so spät noch unterwegs, dazu noch in einem Aufzug, als ob es Gott weiß wie warm wäre?"

David beschloss ihr die Wahrheit zu sagen, zumindest einen Teil davon, und berichtete von dem falschen Pilger, der ihm und seinem Gefährten vergifteten Wein gegeben und ihnen dann ihre gesamte Barschaft geraubt hatte.

„Und deshalb wollte ich Euch fragen", schloss er, „ob er vielleicht hier vorbeigekommen ist. Er trägt einen Pilgerhut und ein kurzes, abgetragenes Gewand. An seiner rechten Hand fehlt der Zeigefinger, und seine Nase sieht aus, als ob sie mit einem Schmiedehammer bearbeitet worden wäre."

„Den kann man wohl kaum verwechseln", schmunzelte die Frau. „Ja, der war hier, aber ein abgetragenes Gewand hat er nicht angehabt, sondern einen ordentlichen warmen Mantel aus bester Wolle, glaub's mir, davon versteh ich was."

„Ich glaub's Euch sofort", sagte David rasch, „denn den Mantel hat er mir gestohlen. Bitte, sagt mir, wann war er hier?"

„Na, vielleicht vor drei Stunden, er hat nur einen Krug Most getrunken und gefragt, wie weit es bis zum nächsten anständigen Wirtshaus ist."

Der Schweinskerl schien wirklich überhaupt keine Angst vor Verfolgung zu haben! „Und wie weit ist es bis dahin?" David trat ungeduldig von einem Bein aufs andere.

„Jetzt könnte er grad da sein, schätze ich, also drei Stunden." Die Bäuerin musterte ihn erstaunt. „Aber du willst doch heute da nicht mehr hin? Es ist fast Nacht, und du frierst ja jetzt schon erbärmlich! Bleib hier, du kriegst eine warme Suppe und Bier und einen Platz im Stall, und kosten tut dich das überhaupt nichts."

Es stimmte. David zitterte vor Kälte. Aber er sagte: „Ich muss weiter, der Lump kommt mir sonst davon!"

„Wieso?", widersprach die Frau, „er muss auch irgendwo schlafen."

Sie hatte natürlich Recht, zumal der dreiste Bursche ja überhaupt nicht in Erwägung zu ziehen schien, dass er verfolgt wurde. Außerdem wäre es vernünftiger, auf Josua zu warten – seine Fäuste könnten, anders als sein Verstand, eine große Hilfe sein beim Zurückholen des Raubs. Warum sollte er also das freundliche Angebot nicht annehmen? Aber was war, wenn der Dieb doch nicht übernachtete, wenn er nur aß und trank und sich dann davonmachte – war es nicht sicherer, ihm dicht auf den Fersen zu bleiben?

„Ich danke Euch, dass Ihr mich aufnehmen wollt. Wisst

Ihr, als Jude bin ich so viel Freundlichkeit von den Christen gar nicht gewohnt." Fast ohne zu überlegen hatte er das herausgeplappert, so, als ob er eine Entscheidung erzwingen wollte, ohne sie selbst fällen zu müssen.

Die Augen der alten Frau waren schmal geworden.

„Wahrscheinlich hast du Recht", sagte sie und ihre Stimme klang mit einem Mal kühl und abweisend. „Wenn du den Dieb erwischen willst, solltest du dich jetzt auf den Weg machen."

„Schalom", sagte David leise, aber sie antwortete nicht.

Doch sie sah ihm hinterher, als er zurück auf die Straße ging. Fast empfand sie Mitleid mit ihm, wie er davonschlurfte, schmal, mit hängenden Schultern und frierend und sicher auch mit knurrendem Magen. Während seine Umrisse im Zwielicht schemenhafter wurden, fragte sie sich einen Augenblick lang, was eigentlich an den Juden anders sein sollte; was an diesem mageren, frierenden Bürschchen anders sein sollte als an ihrem eigenen Enkel.

Doch sie schüttelte den Gedanken schnell ab. Die Juden waren anders, das stand fest, und es brachte nichts Gutes, sich mit ihnen einzulassen, wenn es nicht unbedingt nötig war.

# 7

Ohne sich noch einmal umzudrehen lief David in die beginnende Dunkelheit hinein. Seine Augen brannten. *Jude*. Vier Buchstaben genügten um aus Freundlichkeit Abneigung zu machen. Noch nie hatte ihn das so getroffen wie gerade eben bei der alten Frau, deren Herzlichkeit so echt geklungen hatte.

Er hatte es darauf angelegt wie ein Kind, das dem Vater widerspricht, obwohl ihm Schläge drohen; er hätte es wissen müssen, aber es schmerzte ihn tief. Seine Schritte wurden langsamer, zum ersten Mal wollte ihn der Mut gänzlich verlassen.

Was hatte er eigentlich vor, wenn er den falschen Pilger wirklich in dem Gasthaus fände? Sollte er sich hinstellen vor die Leute und rufen: „Der da, der hat mir mein Geld und mein Buch gestohlen, haltet ihn fest um der Gerechtigkeit willen und gebt mir mein Eigentum wieder!"

Dann würde der Dieb bloß lachen und sagen: „Schaut euch den frechen Juden an! Ihr wollt ihm doch nicht etwa glauben? Heut Mittag hab ich ihm zu essen und zu trinken angeboten, aus reiner Barmherzigkeit, und das ist der Dank dafür!"

Er würde sich nicht beirren lassen und sagen: „Ich kann es beweisen, es war so und so viel Geld, das Buch hatte den und den Titel, und ihr werdet bei dem Kerl zwei Mäntel finden – wie will er das erklären?"

Aber sie würden ihn nicht ausreden lassen und ihn niederbrüllen: „Halt's Maul, Jude! Wie kannst du's wagen, einen ehrlichen Christenmenschen zu beschuldigen? Das weiß doch jeder, dass die Juden lügen und betrügen. Also hau ab, sonst ziehen wir dir das Fell über die Ohren!"

Dann würde er wie ein geprügelter Hund davonschleichen und froh sein, wenn er heil davonkäme, und dann müsste er zum Grab des Großvaters gehen und gestehen ...

David zwang sich, seine Schritte wieder zu beschleunigen. So schnell würde er nicht aufgeben!

Inzwischen war die Nacht hereingebrochen. Kalt wurde es, unglaublich kalt, der Atem quoll ihm aus dem Mund, weiß wie der Nebel über dem Fluss; obwohl er so rasch ging, wie er konnte, zitterten seine Glieder. Doch der Mond schien vom klaren Himmel, und so kam er gut voran und konnte Schlaglöchern und Spurrillen ausweichen.

Gott der Gerechte, wenn der Lump ihm auch noch die Stiefel gestohlen hätte! Nein, er war kein Lump, er war ein guter Mensch, ein wahrer Christ, der wusste, was es bedeutet, in einer kalten Oktobernacht barfuß gehen zu müssen! David kicherte und schüttelte sich vor Lachen und Kälte.

Er marschierte weiter durch die Nacht, schlang die Arme um die Schultern und träumte von einem riesigen Feuer, das lichterloh in einem Kamin brannte. Auf den warmen steinernen Platten davor wollte er liegen, ein Kissen unter dem Kopf und einen Becher mit heißem, gesüßtem Wein neben sich.

So verging die Zeit. Er kam in ein winziges Dorf, dessen Häuser im Mondlicht leblos und verlassen wirkten, als ob es wüst läge. Nur hie und da verriet ein fahler Schein, dass hinter den Türen Menschen wohnten. Er durchquerte es und ging weiter, nur vom Wind begleitet, der raschelnd durch dürres Laub fuhr, und vom leisen Gluckern des Flusses.

Endlich, als ihn bei jedem Schritt die Füße schmerzten und er vor Kälte sonst keine Stelle seines Körpers mehr fühlte, merkte er, dass Wiesen und Gehölze durch Felder abgelöst wurden, dass, erst vereinzelt, dann nebeneinander, Hofstellen jenseits der Straße lagen.

Es war ein großes Dorf. Er gelangte auf einen Platz, auf dem sich noch der Unrat türmte, der an Markttagen immer auf solchen Plätzen bleibt.

Da sah er, dass er am Ziel war: Nicht weit von der Kirche lag ein großes Haus, über dessen Tür ein breites Schild über die Straße ragte, das von zwei Laternen erleuchtet wurde. Er ging näher heran und las: „Zu den drei Königen“. Stimmenlärm, Gepolter und Gelächter drangen zu ihm heraus.

Einen Augenblick empfand er Furcht vor dem, was kommen mochte, und zögerte. Aber dann siegten die Sehnsucht nach Wärme und sein gerechter Zorn. Er zog die Tür auf und trat vorsichtig ein.

Er stand in der großen Wirtsstube, und einen Atemzug lang tat er nichts als mit geschlossenen Augen die köstliche, wohlige, dunstige Hitze zu genießen.

Doch sofort riss er die Augen wieder auf, erschrocken über seinen Leichtsinn, und sah sich um, bereit, sich rasch umzudrehen oder mit zwei großen Schritten wieder ins Freie zu gelangen.

Niemand schien auch nur wahrzunehmen, dass ein neuer Gast eingetroffen war. Der riesige Raum war nur spärlich erhellt. Der Großteil der Gäste hockte auf Bänken oder ausgedienten Salzfässern an langen Tischen, auf denen Talgfunzeln qualmten.

David blinzelte, bis sich seine Augen an Licht und Dunst gewöhnt hatten. Fast ausschließlich Männer waren es, die da ihre Suppe schlürften, Bier tranken oder sich mit Karten- und Würfelspielen vergnügten.

Nur an einem der kleineren Tische saß eine Frau mit ihrem Mann, beide gut genährt und nach der neuesten Mode gekleidet, ein wohlhabendes Kaufmannsehepaar auf der Durchreise, das die Nacht hier verbringen wollte.

Und noch eine Frau gab es, eine üppige, junge mit langen, kastanienfarbenen Haaren. Sie hockte auf dem Schoß eines Mannes und kraulte seinen Nacken, aber ihre Augen blickten über seine Schulter hinweg ins Leere und verrieten nichts außer grenzenloser Langeweile.

Waffenknecht musste der Mann wohl sein, im Dienst einer Stadt oder eines Burggrafen, denn er trug trotz der Hitze ein ledernes, mit eisernem Besatz verstärktes Wams, neben ihm auf der Bank lag sein Wehrgehänge.

Sein Gesicht war rot und verschwitzt, die Haare klebten ihm am Kopf, er starrte mit glasigen Augen vor sich hin, während seine Finger rastlos über die fast entblößten Brüste und das Kleid des Mädchens glitten, als ob er nicht recht wüsste, wonach er eigentlich suchte.

David sah das alles und sah es doch nicht. Sein Blick glitt prüfend über die Köpfe der Männer hinweg, langsam und tastend, als fürchte er, sie könnten ihn spüren.

Wo war der falsche Pilger? Unter denen, deren Gesicht er erkennen konnte, war er nicht. Da vorne, nicht weit vom flackernden Kamin entfernt, war einer, der konnte es sein: dunkles Haar, grobes, bräunliches Gewand ... Er saß mit drei anderen beisammen und würfelte ... Jetzt grölte er laut und schwang eine Hand siegessicher in die Luft, eine Hand, an der der Zeigefinger fehlte!

David duckte sich unwillkürlich, während die Wut wieder in ihm hochstieg. Da saß das Schwein, verspielte und versoff das gestohlene Geld – und das Buch, was hatte er mit dem Buch gemacht? Verzweifelt überlegte David, was er tun sollte. Zum Greifen nah war der Kerl ... Eine barsche Stimme riss ihn aus seinen Gedanken. „He, von Leuten, die sich bloß aufwärmen wollen, kann ich nicht leben. Also, willst du was trinken? Sonst mach die Tür von außen zu!“ Die Hände in die Hüften gestemmt, stand der Wirt vor ihm.

„Brot und Bier“, murmelte David und holte seine Münzen hervor zum Zeichen, dass er auch bezahlen konnte.

Brummend über die armselige Bestellung verschwand der Wirt, und David ließ sich gegenüber dem Mann mit der jungen Frau auf dem Schoß nieder. An ihnen vorbei konnte er den Dieb beobachten und war selbst vor Entdeckung einigermaßen geschützt.

Die Frau begutachtete ihn kurz; dann rümpfte sie die Nase, legte ihrem Begleiter die Arme wieder um den Hals und redete leise auf ihn ein. Als er aber das Gesicht bloß verzog und stöhnte, schüttelte sie ungeduldig den Kopf und machte Anstalten, von seinem Schoß herunterzugleiten. Da griff er in seinen Gürtel, zog ein paar Geldstücke hervor und legte sie auf die Tischplatte.

„Bleib!", sagte er heiser und drückte sie so fest an sich, als wollte er sie nie mehr loslassen. Sie schaute abschätzig auf das Geld, blieb aber achselzuckend sitzen.

„Wohin willst du?", fragte sie plötzlich. Es dauerte einen Moment, bis David merkte, dass sie ihn gemeint hatte. Was wollte sie von ihm? Sollte sie doch mit ihrem Freier reden, der bezahlte schließlich dafür!

„Rheinabwärts", erwiderte er abweisend.

„Weit?"

„Ja."

Jetzt kam der Wirt, legte einen kleinen Laib Brot vor ihn hin und knallte einen Krug daneben, dass das Bier überschwappte.

Die Augen unverwandt auf die würfelnden Männer gerichtet, riss David das Brot in Stücke, stopfte eins davon in den Mund und trank einen großen Schluck Bier hinterher.

„Hast wohl Hunger!"

Konnte ihn die dumme Gans nicht in Ruhe lassen?

„Ja."

„Wohl bekomm's!"

„Danke." David warf ihr einen flüchtigen Blick zu. „Es geht ihm nicht gut", sagte er und deutete auf ihren Begleiter, der mit geschlossenen Augen und schwer atmend dasaß und mit den Armen ihre Taille umklammerte.

„Ach, der ist bloß betrunken“, meinte sie wegwerfend. „Bist du schon weit gelaufen heute?“

„Ja.“

„Sehr gesprächig bist du nicht, oder?“

„Nein.“

Anscheinend gab sie jetzt auf, denn er hörte ein gezischtes „Bauernarsch, unbehauener“ und dann nur noch das leise Schnaufen des Mannes.

Erleichtert widmete David seine Aufmerksamkeit wieder den Würfelspielern. Sein Vater hätte die Hände über dem Kopf zusammengeschlagen bei so viel Unhöflichkeit. „Wir sind ein höfliches Volk“, pflegte er stets zu sagen; „höflich zu Hoch und Niedrig. Das zeichnet uns aus.“

Aber wenn man betäubt, ausgeraubt und gedemütigt worden war und unbedingt sein Eigentum wiederhaben wollte, das so nah und doch so unerreichbar war, dann konnte man sich nicht auch noch um gutes Benehmen kümmern. Viel wichtiger war die Frage, wie er an den Mantelsack des Gauners kommen konnte. Fieberhaft wälzte David einen Plan nach dem andern.

Hinschleichen, das Ding greifen und davonrennen? Wenn aber das Buch gar nicht drin war? Wenn alle Gäste helfen würden den vermeintlichen Dieb aufzuhalten?

Die Nacht abwarten, dann die Sachen aus der Schlafkammer stehlen? Aber wie sich in der Dunkelheit zurechtfinden? Außerdem reichte sein Geld für ein Bett nicht, die Außentür wurde aber bestimmt verriegelt.

Vielleicht den Dieb doch vor den Leuten verklagen und, wenn es sein musste, einfach ableugnen ein Jude zu sein? Man würde ihm das Hemd lüften und sein beschnittenes Glied sehen und sagen: „Schaut, er hat gelogen, er ist doch ein Jude, also wird er wohl auch sonst lügen." Ihn verklagen und nicht ableugnen ein Jude zu sein? „Er ist ein Jude, er lügt sowieso."

Müde rieb sich David die Augen. Das alles hatte er doch schon unterwegs durchdacht. Es gab einfach keine Lösung.

Plötzlich sah er, wie der Dieb und einer seiner Kumpane aufstanden und direkt auf ihn zukamen. Hatten sie ihn entdeckt? Er widerstand dem Wunsch aufzuspringen und davonzulaufen. Dann hätte er endgültig verloren. Kopf runter, den Krug vors Gesicht!

Ohne ihn anzusehen, gingen die beiden Männer schwatzend an ihm vorbei ins Freie.

„Sie haben dich nicht erkannt", sagte die junge Frau. Entschlossen löste sie sich aus den Armen ihres Freiers, der inzwischen schon halb schlief, und rutschte von seinem Schoß.

Auch das noch! David ballte verzweifelt die Hände zu Fäusten. Sie hatte bemerkt, dass etwas nicht stimmte mit ihm. Was würde sie jetzt tun?

Einer Regung folgend zwinkerte er ihr zu und legte viel sagend einen Finger auf den Mund.

Sie nickte verständnisvoll. „Ich werde dich nicht verraten. Aber was hast du mit diesen Galgenvögeln zu tun?"

„Der eine, der mit der zerschlagenen Nase, hat mich heute Mittag bestohlen."

„Das glaub ich dir aufs Wort, so wie der aussieht. Was willst du tun?"

„Weiß nicht. Erst mal schauen, ob er meine Sachen überhaupt dabei hat. Gibst du auf meinen Rucksack Acht?"

Ohne eine Antwort abzuwarten, ging er möglichst unbefangen durch den Raum, auf den Tisch der Würfelspieler zu. Er hatte eine Verbündete, und was für eine! Aber er war trotzdem froh, ein lebendiger Hund war besser als ein toter Löwe.

Wo die zwei Männer hingegangen waren, war nicht schwer zu erraten – am Misthaufen oder im Stall ihre Notdurft verrichten. Geschissen hat er ja schon, dachte David und verzog angewidert das Gesicht, als er sich an seinen und Josuas Hut erinnerte. Also will er bloß das Bier loswerden – viel Zeit hab ich nicht.

Jetzt hatte er den Tisch erreicht und murmelte vorsichtshalber einen Gruß. Doch die beiden anderen Spieler beachteten ihn gar nicht; sie steckten flüsternd die Köpfe zusammen und brachen dann in brüllendes Gelächter aus. Unbemerkt konnte David den Tisch umrunden. Dort! Ihm stockte der Atem! Neben dem freien Platz auf dem Boden lag der Mantelsack, und daneben, ohne Einband und am Rücken in drei Teile auseinander gerissen, das Buch! Er musste sich nur bücken und danach greifen! Unendlich vorsichtig kam er näher, zog mit dem Fuß eines der Teile ein Stück an sich heran, noch ein Stück ...

Mit lautem Gerumpel ging die Tür auf – der falsche Pilger und sein Kumpan! Gleich mussten sie ihn entdecken! David wich blitzschnell zurück und drückte sich an die

Wand, da war es dunkler – vielleicht erkannte der Hundesohn ihn nicht, vielleicht war er schon zu betrunken ...

David hob den Kopf und spähte unter den gesenkten Lidern hervor. Was tut Gott, sie war wirklich seine Verbündete!

Die junge Frau hatte sich vor den Männern aufgebaut, kniff den einen ins Kinn, tätschelte dem anderen die Wange, legte dann jedem einen Arm um die Schulter und brachte sie zu ihrem Platz. Unbemerkt gelangte David an seinen Tisch.

Gleich darauf kam die junge Frau zurück. Sie zog das Licht von ihm weg, sodass sein Gesicht im Schatten lag, und befahl: „Dreh den Kopf zur Seite, damit er möglichst wenig von dir sieht! Ich hab sie zwar abgelenkt, aber sie werden jetzt sicher öfter zu mir herüberschauen."

„Wieso?", erkundigte sich David.

„Wieso?" Die Frau lächelte mitleidig. „Bist du bei den Franziskanern aufgewachsen?" Dann reckte sie sich, so dass ihr Hemd sich noch weiter öffnete, und deutete auf ihre vollen Brüste. „Deshalb!", sagte sie stolz. Dann raffte sie den Stoff zusammen. „Du sollst den Kopf wegdrehen, habe ich gesagt!"

David wurde rot. „Vie... vielen Dank für deine Hilfe", stammelte er. „Warum hast du das getan?"

Die junge Frau seufzte. „Immer wenn jemand zur Tür hereinkommt, schaue ich, ob das nicht einer sein könnte, der ordentlich zahlt für ein Stündchen mit mir; einer, der nicht bloß ein ewig betrunkener Spruchbeutel ist, wie der da. Bei dir hab ich gleich gesehen: Da ist nichts zu holen.

Das war's dann erst mal. Aber wie du da gesessen hast, ganz allein, frierend, mit den paar armseligen Münzen ..., da hast du mir eben Leid getan, und ich hab mir gedacht: Wenn das mein Sohn wär ... Deshalb hab ich's getan."

David musste lächeln; sie war höchstens zwei Jahre älter als er. „Und was ist mit ihm?", fragte er und deutete auf den Freier, der jetzt mit dem Oberkörper auf der Tischplatte lag und leise schnarchte.

Sie hob die Schultern. „Ich weiß nicht", sagte sie. „Er hat mich bezahlt, nicht gerade gut. Aber ich hatte keinen Besseren, also bin ich mit ihm gegangen. Doch heute, den ganzen Abend schon, hat er sich bloß voll laufen lassen und gejammert, dass er so viel Pech hat und dass Gott ihn verlassen hat und was weiß ich noch alles. Ich glaub, er hat mich heute nicht einmal richtig angeschaut. Jetzt soll er mir den Buckel runterrutschen, und seine Pfennige, die darf er auch behalten." Sie lachte David an und schüttelte ihre braunen Locken. „Auch eine Hure hat ihren Stolz!" Sie blickte nach hinten und schnitt eine Grimasse. „Auf deinen Freund habe ich anscheinend doch keinen besonderen Eindruck gemacht – ich hab einfach kein Glück heute. Dafür musst du aber auch keine Angst haben, dass er dich entdeckt!"

David drehte sich vorsichtig um. Tatsächlich, die vier Männer waren völlig mit sich selbst beschäftigt. Sie stritten und fluchten, der falsche Pilger sprang auf und schleuderte die Würfel auf die Tischplatte, dass sie davonsprangen. Der Wirt, der um seine Möbel und Krüge besorgt war, eilte herbei. Doch als in der Hand eines der Männer plötzlich ein Messer sichtbar wurde, zog er sich schleunigst wieder zurück. Die Gäste an den Nachbartischen schauten der Szene gebannt zu.

Jetzt, dachte David, jetzt könnte es klappen! Er stand auf.

„Was hast du vor?“, fragte die junge Frau.

„Mir mein Eigentum zurückholen!“

„Bist du verrückt? Siehst du nicht, wie wütend er ist? Wenn er dich erwischt! Er bringt dich um!“

„Ach was“, gab David hastig zurück, „niemand achtet auf mich! Sie werden sich gleich gegenseitig die Zähne einschlagen. So eine Gelegenheit kommt nicht wieder!“

Vorsichtig huschte er auf den Spielertisch zu. Die Männer wurden immer erregter, beschimpften sich, drohten. Einer hob die Faust und wollte sie dem falschen Pilger auf die platte Nase setzen; der packte ihn am Handgelenk und drehte es mit einem heftigen Ruck um, so dass der andere stöhnend zu Boden ging. Dann stürzte er sich auf den dritten und entging selbst um Haaresbreite einem geschwungenen Bierkrug.

Jetzt! David umrundete die Streithähne, bückte sich, schob die Teile des Buchs zusammen, langte nach dem Mantelsack, wollte sich aufrichten und davoneilen, da schloss sich eine Hand mit eisernem Griff um seinen Nacken.

„Wen haben wir denn da?“, fragte eine wohl bekannte, verhasste Stimme. Sie klang jetzt nicht mehr unterwürfig und demütig, sondern höhnisch und verächtlich. „Einen kleinen diebischen Juden! Gebt mir doch mal einen Strick, dann können wir ihn gleich hier aufhängen!“

David wehrte sich verzweifelt, aber eine zweite Hand griff in seine Haare und hielt ihn fest. „Du Schwein“, stieß er hervor, „du bist der Dieb!“

„Habt ihr schon so einen frechen kleinen Juden gesehen?“, fragte der falsche Pilger. Der Streit mit seinen Kumpanen schien plötzlich vergessen.

„Wird auf handhafter Tat ertappt und ...“

Er wurde unterbrochen. Eine Frau schrie gellend. So laut war der Schrei, und so viel Entsetzen schwang darin, dass jedermann wie vom Veitstanz gepackt herumfuhr.

An einem Tisch in der Nähe des Eingangs stand eine junge Frau und deutete auf den Mann, der zusammengesunken über der Tischplatte lag. „Die Pest!“, kreischte sie, „er hat die Pest! Die schwarzen Flecken, die Beulen unter den Armen! Helft mir, er war mein Freier! Helft mir, oder der schwarze Tod holt mich!“ Heulend und jammernd lief sie durch den Raum auf die Würfelspieler zu.

Mit einem Mal kam Bewegung in die Gäste, die wie erstarrt dem grausigen Ausbruch gelauscht hatten. Alle hasteten dem Ausgang zu, rannten, schrien; Fässer fielen polternd um, Krüge krachten zu Boden, dass sie zerbarsten.

„Bleib mir vom Leib, verdammte Hexe!“, brüllte der falsche Pilger, der bisher damit beschäftigt war, David festzuhalten. Er ließ ihn los und streckte der jungen Frau abwehrend die Hände entgegen.

Aber sie ließ sich nicht beirren, sondern sank vor ihm auf die Knie und umklammerte ihn.

„Hilf mir!“, kreischte sie. „Bring mich hier weg! Ich will nicht verrecken!“

Fluchend versuchte er sie wegzustoßen, aber sie hielt ihn mit aller Kraft fest. Schließlich bog er ihr die Hände gewaltsam auf und schlug ihr mit dem Handrücken so heftig über den Mund, dass ihre Oberlippe aufplatzte und zu bluten begann.

Schwankend stand sie auf und lachte böse: „Er war mein Freier, verstehst du? Unsere Leiber haben sich berührt und unsere Zungen. Wenn ich die Pest habe, dann hast du sie auch – jetzt!"

Er sah, wie sie den Kopf zurückbog, ein eisiger Schreck durchfuhr ihn, aber ehe er sich abwenden konnte, spie sie ihm mitten ins Gesicht. Dann drehte sie sich um und lief davon.

Benommen vor Entsetzen ließ sich der Mann auf eine Bank fallen. Mit einem Ärmel fuhr er sich übers Gesicht und wischte sich den Speichel ab. Voller Ekel betrachtete er den feuchten Fleck auf dem rauen Stoff, dann riss er sich das Gewand vom Leib und schleuderte es in den Raum.

Alle Gäste waren verschwunden, auch seine Kumpane hatten sich längst davongemacht. Nur der Wirt schlich lamentierend durch seine Gaststube, richtete Fässer und umgestürzte Bänke wieder auf und sammelte Scherben vom Fußboden. Der Kranke hockte zusammengesunken an seinem Tisch, das Gesicht in den Armen vergraben.

Der falsche Pilger zog die Schultern zusammen, als ob ihm kalt wäre, trotz der lodernden Feuer und der blakenden Lichter. Ob er wohl noch Zeit hatte für all die Freuden, die er sich mit dem Diebesgut der letzten Wochen kaufen konnte?

Suchend wanderte sein Blick über den Boden, dorthin, wo er seinen Mantelsack abgelegt hatte. Im trüben Schein der Talgfunzeln war kaum etwas auszumachen, nur Flecken, Umrisse, huschende Schatten. Er sah genauer hin, rieb sich die Augen. Da war nichts!

Angst und Wut krochen ihm die Kehle hoch und würgten ihn. Irgendwo im Dreck liegen, die stinkenden Geschwüre unter den Armen und in den Leisten, kein Geld für einen Arzt, ein kräftigendes Essen, für einen Trank, der die Schmerzen betäubte, für ein weiches Bett, für einen Priester, der einem die letzte Stunde erleichterte. Kein Geld zum Leben und kein Geld zum Sterben. Der Mantelsack war weg, und mit ihm alles, was er besaß. Sogar das wertlose Buch, das er vergeblich nach kostbaren, vergoldeten Malereien durchblättert hatte.

Schwerfällig erhob er sich und ging mit schleppenden Schritten zur Tür. Als er an dem Kranken vorbeikam, hob der plötzlich den Kopf und lallte: „Was is, meine Schöne, bringssu mir noch wassu trinkn?“ Mit glasigen Augen stierte er den Vorübergehenden an: „Du da. Bring mir wassu trinkn!“

Der falsche Pilger stutzte. Das klang nicht gerade wie bei einem, der von Schmerzen und Todesangst gequält wurde, eher wie die schwere Zunge eines Betrunkenen ...

Er überwand seine Furcht, stürzte auf den Mann zu und riss ihm das Hemd auf. Keine schwarzen Flecken, keine Beulen unter den Armen!

„He, was machssu da? Bringssu mir jetz was or nich?“

„Halt's Maul!“, zischte der falsche Pilger böse. Die verdammte Hure steckte mit dem Juden unter einer Decke – wie einen Anfänger hatten sie ihn übers Ohr gehauen. Aber er würde sie erwischen. Und dann ...“

Er raffte die Münzen, die vor dem Betrunkenen lagen, zusammen, hob seinen Umhang auf und rannte, ohne sich um das Gezeter des Wirts, der seine Zeche wollte, zu kümmern, in die Nacht hinaus.

# 8

David hatte gespürt, wie der eiserne Griff sich löste, und keinen Augenblick gezögert. Blitzschnell hatte er sich die Teile des auseinander gerissenen Buchs gegriffen, den Mantelsack über die Schulter geworfen und war davongeschlichen. Draußen lehnte er sich schwer atmend gegen die Hauswand und kostete einen Moment lang seinen Triumph aus.

Dann fiel ihm seine Helferin ein. Großartig hatte sie das gemacht, und genau zum richtigen Zeitpunkt. Ihm selbst war der Schrecken in die Glieder gefahren, als er ihren Schrei gehört hatte. Noch jetzt schien es ihm kaum glaublich, dass ihr Entsetzen wirklich nur gespielt war. Wenn nicht ..., wenn nicht, dann sollte er jetzt schleunigst verschwinden ...

Kaum war ihm der Gedanke gekommen, verwarf er ihn schon wieder. Ohne sie wäre er nie davongekommen, er durfte sie nicht im Stich lassen. Schnell stopfte er die Teile des Buchs in die Tasche unter der Achsel und wollte gerade vorsichtig die Tür des Wirtshauses öffnen, als sie aufgestoßen wurde, jemand heraustrat und heftig mit ihm zusammenprallte. Eine ärgerliche Stimme fauchte ihn an:

„Kannst du nicht aufpassen, du Bastard? Geh aus dem Weg, ich hab es eilig, verdammt eilig sogar!"

Obwohl ihm der Kopf vom Zusammenstoß brummte, musste David lachen. „Ich weiß. Ich bin nämlich schuld, dass du es so eilig hast."

„Bei allen Heiligen, du bist noch hier?" Die junge Frau schlug sich fassungslos an die Stirn. „Wie dumm kann ein einziger Mensch eigentlich sein? Du glaubst doch nicht im Ernst, dass du schon in Sicherheit bist, weil der da drin sich vor Furcht in die Hosen macht? Der wird bald merken, dass er mir auf den Leim gegangen ist!" Sie überlegte kurz, dann schien sie einen Entschluss zu fassen. „Nichts wie weg!", sagte sie und zerrte an seinem Ärmel. „Deinen Rucksack hab ich mitgebracht, ich wollte dir nämlich hinterher, den trag ich, nimm du den andern!"

Er gehorchte und sie eilten davon. Erst als sie das Dorf weit hinter sich gelassen hatten, blieben sie stehen und schauten zurück. Die Straße lag verlassen im fahlen Mondlicht, nichts regte sich.

Die junge Frau lauschte.

„Hörst du was?", fragte David beklommen.

„Ich weiß nicht", erwiderte sie unsicher, „komm weiter!"

Wieder liefen sie eine Strecke, doch allmählich wurde David langsamer, denn der Mantelsack war elend schwer.

„Halt an", bat er schließlich keuchend, „wir müssen weg von der Straße, er ist bestimmt schneller als wir. Los, da hinüber, über das Feld in den Wald, da kann er uns nicht finden."

Sie rannten querfeldein, die Stoppeln knackten unter

ihren Sohlen, kaum näher schien die schwarze Wand des schützenden Waldes zu kommen. David stolperte, seine Seiten schmerzten, er hörte nichts mehr außer dem dröhnenden Schlag seines Herzens. Endlich wuchsen die Bäume vor ihnen empor und sie tauchten ein in die Finsternis.

David ließ den Mantelsack fallen und warf sich nach Atem ringend zu Boden. „Geschafft!", stieß er hervor, doch die junge Frau befahl: „Still!"

Reglos lagen sie auf dem Bauch, dämpften, so gut es ging, das Keuchen ihres Atems und starrten aus dem schützenden Dickicht auf die ferne Straße.

Plötzlich richtete sich David halb auf, wollte etwas sagen, doch die junge Frau legte ihm warnend eine Hand über den Mund und flüsterte kaum hörbar: „Hab schon gesehen."

Jenseits des gelblich schimmernden Stoppelfeldes näherte sich eine Gestalt, dunkel und bedrohlich vor dem fahlen Himmel, trabte die Straße entlang, wurde kleiner und verlor ihren Schrecken, als sie um eine Wegbiegung verschwand.

David atmete vernehmlich aus. „Das war knapp", sagte er. „Danke, dass du mir geholfen hast. Wenn du nicht gewesen wärst, hätten sie mich bestimmt baumeln lassen."

„Wahrscheinlich", erwiderte die junge Frau spöttisch. „Du hast anscheinend eine besondere Begabung darin, dich selbst in Schwierigkeiten zu bringen."

„Das glaub ich inzwischen auch", seufzte David. „Und andere gleich mit. Dich zum Beispiel: Meinetwegen hast du deinen ... deinen Freund sitzen lassen ... Sag mal, er hat doch nicht wirklich die Pest, oder?"

„Natürlich nicht, du Dummkopf. Besoffen war er, weiter nichts. Den sitzen zu lassen hat mir wirklich nichts ausgemacht. Was, glaubst du, hätte der noch zu Stande gebracht, außer mir das Kleid voll zu kotzen? Inzwischen tut es mir bloß Leid, dass ich das Geld liegen gelassen hab, das er mir gegeben hat. Weiß Gott, es war nicht viel, und ich hab's mir redlich verdient, weil ich den Bastard so lang ertragen habe." Unvermittelt sprang sie auf. „Mir ist schauderhaft kalt", sagte sie und rieb sich die Arme. „Dir nicht?"

Statt einer Antwort nestelte David den Mantelsack des falschen Pilgers auf, wühlte darin herum, zerrte etwas heraus, wühlte weiter und schimpfte dann: „Der Henker soll ihn holen! Zwei Mäntel hat er geklaut, aber einen hat er bloß behalten."

„Dann müssen wir eben mit einem auskommen", sagte die junge Frau achselzuckend. „Ins Gasthaus können wir jedenfalls nicht zurück; der Wirt würde mich in der Luft zerreißen für das, was ich ihm angetan habe. Außerdem ist es gut möglich, dass dein Freund seine Suche aufgibt und zurückkommt. Dem möcht ich, ehrlich gesagt, nicht noch mal begegnen. Lieber frier ich ein bisschen."

Die beiden beschlossen – sicher war sicher – noch ein Stück tiefer in den Wald hineinzugehen. Unter den tief herabhängenden Ästen einer großen Tanne schlugen sie ihr Nachtquartier auf. In Davids Rucksack waren zwei wollene Hemden, die zogen sie über, auch in dem des falschen Pilgers fanden sie noch zwei. Die stanken zwar fürchterlich nach altem Schweiß, aber sie wickelten sie sich um die Beine, da waren sie weit weg von ihren Nasen und wärmten doch. Die Rucksäcke benutzten sie als Kopfkissen und kuschelten sich eng unter dem Mantel zusammen.

Eine Zeit lang lagen sie schweigend da und David genoss das Gefühl der Geborgenheit. Die Haare der jungen Frau fielen ihm ins Gesicht, ihr Atem strich über seine Wange. Plötzlich wurde ihm die Wärme ihres Körpers bewusst, der weiche Druck ihrer Brüste. Sein Mund wurde trocken. Noch nie war ihm eine Frau so nah gewesen. Er merkte, wie sie ihn erregte und schämte sich dafür. Wenn sein Vater ihn so sähe!

Eben wollte er sich umdrehen um seinen Zustand zu verbergen, da hörte er sie leise kichern.

„Du brauchst dich nicht zu schämen", sagte sie und ihre Stimme hatte wieder den spöttischen Klang. „Glaubst du, du bist der erste Mann, der so neben mir liegt? Nur – verlangen darfst du heute Nacht nichts von mir. Ich arbeite heut nicht mehr, verstehst du?"

Sie spürte, dass sie seine Verlegenheit noch gesteigert hatte, und fuhr in verändertem Tonfall fort: „Du hast mir noch nicht einmal gesagt, wie du heißt. Ich heiße Elisabeth."

David räusperte sich. „Ich bin David, Sohn des Ytzak, aus Basel."

„Du bist ein Jude."

Das klang mehr wie eine Feststellung als wie eine Frage. David wartete auf einen Ausruf des Abscheus, wartete, dass sie aufspringen und davonlaufen, wenigstens von ihm abrücken würde. Aber nichts davon geschah. Stattdessen fragte sie: „Wohin willst du eigentlich?"

David antwortete nicht gleich. Misstrauen regte sich in

ihm. Sie war eine Christin. Hatte er nicht heute erst erfahren, was von Christen zu erwarten war, die sich nicht von einem Juden abwendeten, sondern seine Nähe suchten? Was mochte sie von ihm wollen? Hoffte sie, das, was er sich zurückgeholt hatte, für sich zu gewinnen?

Auch diesmal schien sie seine Gedanken zu erraten. „Nicht jeder will dich belügen und berauben", sagte sie ruhig.

Er sah sie vor sich, wie sie sich auf den falschen Pilger gestürzt hatte, und schämte sich erneut.

„Nach Mainz will ich."

„Mainz? Davon hab ich nie gehört. Wo liegt das?"

„Ungefähr zehn Tagesreisen den Rhein hinab."

„So weit!" Sie zögerte, dann bat sie: „Willst du mir nicht erzählen, warum du so eine weite Reise machst? Bestimmt hängt sie mit dem Buch zusammen, das du wie einen Schatz hütest und das mir schon die ganze Zeit auf die Rippen drückt."

David musste lachen und steckte das Buch in den Rucksack unter seinem Kopf. „Verbergen kann man vor dir anscheinend sowieso nichts. Also, die Sache ist die ..."

Es dauerte eine ganze Weile, bis er seine Geschichte erzählt hatte; Elisabeth hörte zu ohne ihn einmal zu unterbrechen. Als er fertig war, meinte sie nachdenklich: „Ein seltsamer Mann muss dein Großvater gewesen sein, machte sich Sorgen wegen etwas, das vielleicht erst geschieht, wenn er schon lange tot ist; wollte Menschen helfen, die er gar nicht kannte ..."

Das ist die Art meines Volkes, das kann ein Goj vielleicht

nicht verstehen, wollte er stolz erwidern, aber ihm fiel ein, dass auch sie ihm geholfen hatte ohne ihn zu kennen. Also sagte er nur: „Erzähl mir jetzt von dir. Wie bist du hierher gekommen?“

Lange antwortete sie nicht. Ihre Stimme klang rau, als sie schließlich begann: „Da ist nicht viel zu erzählen; meine Geschichte ist viel eintöniger als deine, und sie geschieht jeden Tag. Meine Eltern sind Fischersleute in Basel. Im Frühjahr hätte ich heiraten sollen, auch einen Fischer. Aber eines Abends musste ich ziemlich spät noch eine Besorgung machen, und auf dem Rückweg bin ich ein paar Burschen begegnet, Kaufmannssöhnchen, ganz fein und nobel. Die waren nicht viel nüchterner als der Kerl heute, und da hat es sie wohl nicht gestört, dass ich nach Fisch roch. Als sie mit mir fertig waren, war meine Ehre jedenfalls beim Teufel, und der Bräutigam auch, und meine Eltern wollten mich auch nicht mehr bei sich haben. Na ja, ich bin jung und mein Fleisch ist fest, also bin ich ins Badehaus gegangen. Vor zwei Tagen kam der Mann dorthin, mit dem du mich vorhin gesehen hast. Er zahlte zwar schlecht, aber er behandelte mich freundlich, und das ist nicht unbedingt die Regel. Außerdem bot er mir an, ich solle mit ihm auf die Burg seines Herrn gehen. Da gebe es Arbeit für mich, sagte er, und dass seine Frau gerade gestorben sei. Außerdem meinte er: ‚Wenn du mich immer schön zufrieden stellst, du weißt schon, was ich meine, dann mach ich dich eines Tages vielleicht wieder ehrbar und heirate dich.‘“ Sie lachte auf. „Ich hab genau gewusst, dass er nur eine gesucht hat, bei der er für sein Vergnügen nichts bezahlen muss und die auch noch für ihn arbeitet. Aber was hatte ich schon zu verlieren, also bin ich trotzdem mitgegangen." Wieder lachte sie. „Bis heute. Jetzt geh ich mit dir. Nach Mainz."

„Aber ich bin Jude!"

„Du bist ein Jude, ich bin eine Hure, und der Papst hat vielleicht einen Pickel am Hintern. Was hat das alles schon zu sagen?"

Ein leiser Wind kam auf und schüttelte die Zweige der Tanne über ihnen.

David wurde schläfrig. „Den Mantelsack müssen wir im Wald verstecken", flüsterte er. „Und von der Straße müssen wir uns fern halten. Er sucht bestimmt weiter nach uns. Geld haben wir genug, glaube ich. Die beiden Gürtel sind in dem Rucksack, und ich glaube, noch mehr ... Ich muss unbedingt Josua eine Nachricht hinterlassen, aber wie, das weiß ich noch nicht. Und am Sabbat darf ich nicht reisen, hörst du ...?"

„Ja, ja", sagte Elisabeth und strich ihm übers Haar, „wir werden schon alles richtig machen."

Sie wiegt halb so viel wie Josua, dachte David, aber sie hat dreimal so viel Verstand. Und mit diesem Gedanken schlief er ein.

# 9

Thomas saß an einem Seitenarm des Flusses und starrte in das reglose Wasser. Es war moorig und schwarz, ein dunkler Spiegel, in dem er sein Gesicht mehr ahnen als sehen konnte. Es schien ihm wie ein unwirkliches Bild, eine vage Erinnerung an eine vergangene Zeit.

Lang herabfallendes, von der Sonne gebleichtes Haar umgab wie ein Rahmen das Gesicht, das so glatt war wie das Wasser, konturlos und mit Augen ohne Ausdruck, die nur glänzten, wenn die Sonne zwischen den Wolken hindurch einen Strahl über das Wasser schickte.

War das wirklich er selbst, der ihm da aus der schimmernden Dunkelheit so gleichgültig entgegenblickte?

Ich fahr und weiß nicht, wohin, mich wundert, dass ich so fröhlich bin! In einem Anfall von Wut hob er einen schweren Stein auf und schleuderte ihn mit aller Kraft in sein Spiegelbild, dass es Tropfen sprühend zerbarst.

Neun Monate waren vergangen, seitdem er den Medicus auf dem Friedhof des Klosters begraben hatte. Seit neun Monaten war er unterwegs; langsam nach Norden, auf verschlungenen Wegen war er gefahren und hatte nicht gewusst, wohin, aber fröhlich war er dabei nicht gewesen.

Er hatte die Kranken und die Toten nicht vergessen, nicht die Leiden seines Freundes und die namenlosen Grabhügel, von denen einer seine Mutter bedeckte. Er hatte nicht vergessen, wie er vor der Burg seines Vaters gestanden und abgewiesen worden war.

Und die Angst vor dem schwarzen Tod war geblieben.

Bisher hatte er ihn verschont. Manchmal glaubte er, dass Gott ihm damit eine besondere Gnade erwiesen habe, und dankte ihm, nachts, wenn niemand ihm zusah, in inbrünstigen Gebeten. Manchmal glaubte er auch, Gott wolle ihn besonders grausam bestrafen, indem er ihn so lange in trügerischer Sicherheit wiegte, um ihn irgendwann umso größere Qualen leiden zu lassen. Dann tastete er furchtsam seine Leisten und seine Achselhöhlen ab, wie damals, als er im Kloster die ersten Kranken gepflegt hatte. Bis heute hatten seine Finger keine Schwellung gefühlt. Doch was war morgen? Oder übermorgen? Oder in einer Woche?

Das Wasser war wieder ruhig und spiegelglatt, der Dreck, den der Stein aufgewühlt hatte, war zu Boden gesunken. Thomas konnte die Konturen seines Gesichts wieder erkennen. Man sah nicht, ob es das Gesicht eines Lebenden oder eines Toten war. Mit einem Fluch spuckte er ins Wasser und stand auf.

Nicht weit von ihm, lang ausgestreckt auf der Wiese, lagen seine drei Gefährten und schliefen. Thomas trat zu ihnen und sah sie nachdenklich an. Was für ein schönes Bild, dachte er spöttisch. Wie sie dalagen, konnte man sie fast für ehrbare Leute halten, wenn man in ihre Gesichter schaute. Dabei waren sie ausgemachte Galgenvögel, die mehr stahlen als arbeiteten und die kein Torwächter jemals in eine Stadt gelassen hätte. Galgenvögel waren sie – wie er selbst einer war.

Seit einem halben Jahr zogen sie jetzt schon gemeinsam durch das Land. Er, Thomas der Mönch, wie sie ihn nannten. Gotthard, der Sohn irgendeines armseligen Hufenbauern. Sebastian, der immer behauptete, dass er aus vornehmer Familie käme und zum Beweis einen kostbaren Dolch und einen Gürtel mit silberner Schnalle vorzeigte. Stallknecht war er gewesen, vermutete Thomas, und hatte Zugang zu einer vornehmen Satteltasche gehabt. Und schließlich Marquard, der nur der Stinker hieß, weil er nie einen Tropfen Wasser an sich heranließ und roch wie ein Jauchefass. Eine wirklich erlesene Reisegesellschaft, zu der er da gehörte!

Vor seinem geistigen Auge entstand das Bild eines jungen Novizen, der starr geradeaus blickte und die Hände gefaltet, die Lippen fest geschlossen hielt. Und wenn sie sich doch einmal öffneten, dann strömten lateinische Sätze aus ihnen hervor. *Deus es diligendus super omnia, quod primum* ... Man muss Gott über alles lieb haben, erstens weil ... und so weiter und so weiter.

Thomas lächelte bei der Erinnerung. Mit hochgelehrten Mönchen hatte er gelebt, mit den meisten von ihnen hatte er nur lateinisch geredet. Die drei, die da vor ihm im Gras lagen, konnten kein deutsches Wort schreiben, und wenn er *deus vobiscum* zu ihnen sagte, würden sie das für eine Beschimpfung halten. Er würde mit niemandem mehr lateinisch reden und er begann es schon zu vergessen.

Was er hingegen beim Medicus gelernt hatte, Kräuter einlegen, Tränke brauen, Salben rühren und Pflaster machen, das war ihm noch einmal von Nutzen gewesen.

In den ersten Wochen, nachdem er den Reschenpass überstiegen hatte, war er durch Tirol geritten und dann nach Bayern gelangt. Das Geld des Abts hatte für die erste Zeit gereicht, dann hatte er das Maultier verkauft.

So war er bis in die herzogliche Residenz Landshut gekommen. Kurz entschlossen hatte er sich als Apothekergehilfe ausgegeben und auch gleich Arbeit gefunden.

Eines Tages aber war der Apotheker zu einem Kranken gerufen worden und händeringend und jammernd zurückgekehrt. Am Abend noch hatten die Totenglöckchen zu wimmern begonnen, bald waren die Karren mit den Verstorbenen durch die Gassen gerumpelt, vor den Toren war der schwarze Rauch der Pestfeuer zum Himmel gestiegen.

Da war er geflohen, Hals über Kopf, und dem Apotheker hatte er seine Börse und sein Pferd gestohlen. Durch diese Tat, das war ihm wohl bewusst, hatte er endgültig mit seinem bisherigen Leben gebrochen, endgültiger als nach dem Verlassen des Klosters.

Nicht lange danach war er eines Abends, es dämmerte schon, einen schmalen, von Hecken gesäumten Weg entlanggeritten, müde und mutlos, ohne zu wissen, wohin. Er hatte die Börse in seinem Gürtel gespürt und sich gefragt, wann er wohl das nächste Mal würde stehlen müssen.

Plötzlich ertönte lautes Geschrei, aus dem Gestrüpp am Wegrand sprangen drei Gestalten hervor und schwangen drohend ihre Knüppel. Einer von ihnen schlug dem Pferd gegen die Vorderbeine, dass es vor Schmerz schnaubte und sich aufbäumte. Während Thomas mühsam versuchte, das Tier wieder unter Kontrolle zu bringen, wurde er aus dem Sattel gerissen und zu Boden gezogen.

Da erfasste ihn ein Gefühl, das halb Wut, halb wilde Freude war. Er trat einen der Angreifer in die Leiste, dass er stöhnend zusammenbrach; dem zweiten entwand er den Knüppel und schlug ihm die Fäuste ins Gesicht. Dann sprang er auf und jagte hinter dem dritten her, bis er ihn am Ärmel erwischte. Er zog sein Schwert und drückte ihm die Schneide gegen den Hals.

„Rührt mich nicht an!“, rief er den beiden anderen entgegen, die sich wieder aufgerappelt hatten und sich auf ihn stürzen wollten, „Oder ich schneid eurem Kumpan die Kehle durch!“

Sofort blieben sie stehen, und einer sagte, die Stimme rau vor Angst: „Lass ihn los, wir wollten dir nichts tun, wir wollten nur ...“ Er brach ab, als ob er der Versicherung selbst nicht glaubte, die er auf der Zunge hatte.

Thomas musste grinsen. Mit ihren Knüppeln hätten sie ihn halb tot geprügelt, wenn sie ihn niedergerungen hätten! Aber sie hatten ihn nicht niedergerungen!

Er fühlte sich auf einmal unbeschwert, Wärme durchströmte ihn. Es hatte Spaß gemacht zu treten und zuzuschlagen, und der, der da mit angstgeweiteten Augen auf die Klinge starrte, die sich gegen seine Kehle presste, bei Gott, er war dem Tod nah gewesen, so nah ...

Thomas war versucht, den Druck ein wenig zu verstärken, um den Halunken vor Angst wimmern und um sein

Leben betteln zu hören, das er ihm dann großmütig schenken würde. Doch er kostete den Vorgeschmack der Genugtuung, die ihm das bereiten würde, und fand plötzlich, dass er bitter war. So ließ er das Schwert sinken und fasste seinen Gefangenen beim Arm.

Mein Gott, da war fast nichts als Haut und Knochen! Drei Jungen, halb verhungert und jünger als er selbst, hatte er besiegt!

Die Unbeschwertheit wich und er war niedergeschlagener als zuvor. Kopfschüttelnd schob er das Schwert in die Scheide und sagte: „Hockt euch hin, ich hab genug zu essen für uns alle."

Seit dem Tag waren sie zusammengeblieben und Thomas war ihr unangefochtener Anführer geworden. Er hatte entschieden, dass sie weiter nach Norden ziehen würden, dorthin, wo in der kalten, klaren Luft der tödliche Hauch der Pest vielleicht seine Kraft verlieren würde. Er hatte ihnen nicht sagen können, wie es dann weitergehen sollte, ob sie eine neue Heimat finden und ein neues Leben beginnen würden. Denn das wusste er selbst nicht. Aber sie waren ihm bereitwillig gefolgt.

Die Städte waren ihnen verschlossen, also waren sie über Land gezogen. Hatte es auf einem Herrenhof oder in einem Dorf Arbeit für sie gegeben, waren sie geblieben, hatten auf dem Feld, dem Hof oder der Straße mit angepackt und dafür Essen und einen Platz zum Schlafen bekommen.

Oft aber hatten sie sich auch anders geholfen: Gebettelt, irgendwo einem halben Dutzend Hühner den Hals umgedreht, einen Sack Mehl gestohlen, einem einzelnen Reisenden Proviant und Barschaft abgenommen. Genauso oft hatten sie auch gehungert und gefroren. Das Pferd des Apothekers hatten sie längst verkauft.

So waren sie, auf vielen Umwegen und nach monatelanger Reise, bis an den Rhein gelangt und auf der Straße am Flussufer weitergewandert.

Die letzten beiden Tage waren Hungertage gewesen. In den Dörfern, an denen sie vorbeigekommen waren, hatte ihnen niemand etwas geben wollen. Ein Bauer hatte gar seinen mannscharfen Köter hinter ihnen hergehetzt, und nur mit energischen Knüppelhieben hatten sie sich die Bestie vom Leib halten können. Vergeblich hatten sie darauf gewartet, einen einzelnen Reisenden zu treffen, dem sie ohne viel Federlesens seine Habe hätten abnehmen können. Lediglich ein paar Gruppen von Kaufleuten waren ihnen begegnet, wohl bewaffnete Männer, die bei ihrem Anblick drohend an die Schwerter gegriffen hatten. So war ihnen nichts anderes übrig geblieben, als schleunigst das Weite zu suchen.

An diesem Morgen waren sie gar nicht erst losmarschiert. Sie hatten jeder eine Hand voll wilde Himbeeren gefunden und verspeist und dazu ein paar harte Sauerampferblätter hinuntergewürgt – mehr hatte es nicht gegeben. Danach hatten sich der Stinker, Sebastian und Gotthard ins Gras gelegt um ein Nickerchen zu machen – so konnte man den Hunger noch am ehesten bezwingen.

Neidisch musterte Thomas seine Gefährten. Sie konnten wenigstens schlafen. Sie fürchteten den schwarzen Tod nicht, denn sie waren ihm noch nicht begegnet. Sie hatten auch keine Angst vor der Zukunft, denn sie dachten nie über den gegenwärtigen Tag hinaus. Die Aussicht auf ein Dach für die Nacht und eine Mahlzeit war alles, was sie brauchten um zufrieden zu sein. Gab es sie nicht, war das ein Grund zum Fluchen, aber Angst, Angst hatten sie deshalb nicht. Am nächsten Tag würde sich schon etwas finden, und wenn nicht am nächsten, dann am übernächsten.

Thomas' Magen knurrte vernehmlich. Entschlossen bückte er sich und rüttelte die Schläfer wach. Er wollte hier nicht bleiben und den Tag verdösen. Irgendwo in der Ferne gab es vielleicht einen Platz, wo es sich lohnte zu bleiben. Aber nicht hier. Also weiter!

„Steht auf, sonst pack ich euch und werf euch in den Fluss!", drohte er. „Dich zuerst, Stinker!"

Schlaftrunken richtete Marquard sich auf. „Was soll das?", knurrte er unwillig. „Warum lässt du uns nicht schlafen?"

„Vom Schlafen werden wir nicht satt", entgegnete Thomas. „Los, steht auf, wir müssen was zum Essen auftreiben. Oder habt ihr etwa keinen Hunger?"

Hunger – das Wort machte sie munter. Sie sprangen auf und wenig später gingen sie wieder die Straße entlang.

Die Sonne brannte auf sie nieder, Mücken und Fliegen summten um ihre schwitzenden Leiber. Mal trotteten sie in den staubigen, rissigen Furchen, die unzählige Karren über die Jahre hin in den Boden gedrückt hatten, mal stapften sie durch das kniehohe Gras dazwischen.

Sie hielten die Köpfe gesenkt, denn es gab nichts, was sich zu sehen lohnte, nichts, was sie nicht schon seit Tagen gesehen hätten: das endlose blaugraue Nichts des Himmels über ihnen, das träge, trübe Wasser des Stroms, die Luft, die in der Hitze flimmerte, das Blütenmeer von Kamille und Schafgarbe, deren schweren, süßlichen Duft sie schon gar nicht mehr wahrnahmen.

Ab und zu schaute einer von ihnen auf, in der Hoffnung, etwas Lohnendes zu erspähen: einen einsamen Pilger mit wohl gefülltem Rucksack, den Rauch eines Herdfeuers, ein paar Bauersfrauen beim Heumachen, die vielleicht bereit waren, von ihrer Brotzeit etwas abzugeben. Aber nichts von all dem kam in Sicht.

Endlich, die Sonne stand schon tief am Horizont jenseits des Flusses, blieb Sebastian plötzlich stehen. „Da drüben!“, rief er. Auf der anderen Rheinseite, nur ein paar hundert Schritt vom Ufer entfernt, lag ein Weiler, bestehend aus drei kleinen Höfen.

„Seht ihr das? Vor dem Haus auf der rechten Seite. Ein Backofen!“, krähte Sebastian, und für einen Moment dachten alle an den Geschmack von frischem, knusprigem Brot.

Doch Thomas machte ihre Hoffnungen zunichte. „Ihr habt etwas übersehen“, sagte er nüchtern. „Zwischen uns und dem Backofen liegt der Fluss. Und das ist genauso, als ob die ganze Welt dazwischen liegt. Oder kann einer von euch schwimmen? Ich nicht!“

„Verdammt, der Teufel soll den Fluss holen, bei allen Pfaffen, die in der Hölle schmoren!“ Sebastian legte seine ganze Enttäuschung in den Fluch hinein. „Da drüben gibt’s zu essen und zu trinken, ich weiß es! Dort ist ein steinerner Keller mit Salzfleisch und Bier, mit Käse und süßen, gedörrten Pflaumen! Dreimal verfluchter, verdammter Fluss!" Wütend lief er ans Ufer hinunter.

„Was hat er jetzt vor?" Thomas lachte leise, obwohl sich sein Magen schmerzhaft zusammenzog, als er sich all die Köstlichkeiten vorstellte. „Will er jetzt den Fluss verprügeln?"

Niemand antwortete, stattdessen ertönte ein lauter Jubelschrei. „Kommt runter", brüllte Sebastian. „Ich hab was gefunden!"

Mit Riesenschritten eilten sie zu ihm. „Da", rief er triumphierend. Er stand an einer Stelle, an der das Ufer nicht steil abfiel, sondern allmählich flacher wurde und in einen kleinen, kiesigen Strand mündete, den sie wegen des hohen Grases und der Weiden- und Hollerbüsche nicht gesehen hatten. Und auf dem Strand lag ein Boot, ein richtiges Boot!

„Jetzt können wir rüber", erklärte Sebastian. „Los, helft mir das Ding ins Wasser zu schieben!"

Gotthard und der Stinker stemmten sich gegen den Bug, nur Thomas zögerte noch. „Seltsam ...", meinte er langsam.

„Was soll seltsam sein?", fauchte Gotthard und wandte ihm das Gesicht zu, das vor Anstrengung rot angelaufen war. „Seltsam, dass du uns nicht schieben hilfst, sonst nichts!"

Aber Thomas ließ sich nicht beirren. „Natürlich ist das seltsam", beharrte er. „Warum ist das Boot auf dieser Seite des Flusses? Auf der anderen Seite wohnt jemand, hier nicht. Also müsste das Boot drüben sein. Wer sollte jetzt noch hierher übersetzen wollen?"

Er bückte sich und hob einen armdicken Holzpflock

vom Boden auf. Er war vielleicht fünf Ellen lang, nass und mit Schlamm bedeckt. Am oberen Ende war er glatt durchgesägt.

„Das ist die Stange, mit der jemand das Boot über den Fluss gestakt hat", vermutete er. „Warum hat er sie dann abgesägt? Dadurch erschwert er sich doch die Rückfahrt, denn so ist sie viel zu kurz ..."

„Ach, hör auf mit deinem Geschwätz", murrte Sebastian. „Vielleicht hat er ein Stück dringend für was anderes gebraucht ... ach, was weiß ich, mach schon, fass jetzt mit an!"

„Bestimmt hat er sie für was anderes gebraucht", murmelte Thomas. „Als Waffe vielleicht oder als Wanderstab. Und wieso hatte er Werkzeug dabei? Eine Säge? Wo es doch drüben jede Menge Holz gibt? Weil er nicht vorhat zurückzukommen ..."

Ein Gefühl der Unruhe erfasste ihn, etwas warnte ihn davor, über den Fluss zu setzen. Aber er wusste, dass er die anderen nicht würde überzeugen können; also griff er nach dem Dollbord und schob mit, bis das Boot auf dem Wasser schaukelte. Die Vier stiegen hinein und Thomas übernahm wieder die Führung.

„Wir haben keine Riemen", sagte er, „also müssen wir mit den Händen rudern. Legt euch auf den Bauch, und dann los!"

Die Strömung war schwach, und so kamen sie ordentlich voran und waren nicht weiter als fünf- oder sechshundert Schritt abgetrieben, als sie die andere Seite des Flusses erreichten.

Thomas griff in die Zweige einer überhängenden Weide

und hielt das Boot, während die anderen hinauskrabbelten. Dann sprang er an Land und band es an der Weide fest.

Er folgte ihnen nur zögernd, als sie auf die Gehöfte zuliefen, obwohl er eigentlich hätte vorangehen müssen; das erwarteten sie von ihm, ihrem Anführer.

Sei nicht kindisch befahl er sich deshalb. Ein herrenloses Boot auf der falschen Seite des Flusses – das musste gar nichts bedeuten. Er schlug ein schnelleres Tempo an und überholte die anderen. Niemand war zu sehen. Ein paar kleine Weingärten mit sauber aufgebundenen Rebstöcken, silbrig schimmernde Kornfelder, frisch gemähte Wiesen, auf denen noch das Heu lag und seinen Duft verströmte, alles lag verlassen in der Abendsonne.

Sie hatten die Umfriedung des ersten Hofs schon fast erreicht, da zerriss ein schreckliches, klagendes Brüllen die Stille. Die Jungen blieben stehen, als seien sie gegen eine unsichtbare Wand gerannt.

„Was war das?", flüsterte Sebastian.

Wieder erklang das Brüllen, erst heiser und gedehnt, dann in einem jämmerlichen Jaulen endend.

Thomas wusste, was das war. Er hatte es schon einmal gehört, weit weg von hier, in den Bergen, wo sein Kloster lag.

„Eine Kuh", sagte er. „Eine Kuh, die vor Schmerzen fast krepiert, weil ihr Euter zum Bersten voll ist und niemand sie melkt."

Den Jungen war die Erleichterung anzumerken. „Wenn das alles ist", sagte Marquard der Stinker ausgelassen, „dann weiß ich, was ich mach: Ich leg mich unter ihre Zitzen. Bei mir kann sie ihre Milch sofort loswerden. Jetzt kommt schon!"

Thomas machte keine Anstalten weiterzugehen. Seine Unruhe verstärkte sich, er hätte am liebsten kehrtgemacht. „Wartet noch!", drängte er.

„Warum warten, zum Teufel? Worauf eigentlich? Dass die Kuh zu uns rauskommt?", entgegnete Marquard; in seiner Stimme war die Aufsässigkeit nicht zu überhören.

„Natürlich, du willst in den Stall", höhnte Thomas und verbarg seine Unsicherheit hinter einem spöttischen Grinsen, „da gehörst du auch hin, Stinker. Aber leg dich nicht unters Euter. Leg dich gleich untern Arsch. Dann kannst du behaupten, es wäre die Kuh, die stinkt."

Die anderen brüllten vor Lachen, er hatte sie auf seiner Seite. Also versuchte er es noch einmal. „Denkt doch mal nach, falls ihr das überhaupt könnt, ihr Hohlköpfe!", sagte er mit rauer Stimme. „Ich sag's euch, da stimmt was nicht! Warum melkt einer seine Kuh nicht, obwohl ihr fast das Euter platzt? Warum ist hier draußen kein Mensch?"

Die Jungen starrten ihn an. Thomas spürte, dass sie den Respekt vor ihm zu verlieren begannen.

„Was soll denn hier nicht stimmen, Mönch?", fragte Sebastian erstaunt.

„Vielleicht sind die Leute krank ...", begann Thomas, aber Sebastian unterbrach ihn. „Ich glaub, der Hunger hat dich um den Verstand gebracht, nicht uns", lachte er. „Wenn die da drin alle krank sind, umso besser. Dann müssen wir nicht lang betteln, dass sie uns was zu essen geben, dann nehmen wir es uns einfach und verschwinden wieder.

Mensch, wir haben seit zwei Tagen nichts im Magen, wir wollen dein Geunke nicht hören. Hier gibt's noch nicht mal einen Hund! Also, los jetzt!" Er warf Thomas einen Blick zu, der eine deutliche Warnung enthielt: Wenn du jetzt nicht vor uns her in das erste Haus gehst, bist du die längste Zeit unser Anführer gewesen.

Dann würde er wieder allein weiterziehen müssen ... Nein, vielleicht irrte er sich ja wirklich, vielleicht gab es eine ganz harmlose Erklärung, und es waren nur die Gespenster der Vergangenheit, die ihn ängstigten. Energisch ging er auf den nächst gelegenen Hof zu, öffnete das Tor der Umfriedung und durchquerte den Garten. Die anderen folgten ihm.

Vor der Haustür machte er Halt und pochte vernehmlich dagegen. Nichts war zu hören als das Grunzen von Schweinen und das Stampfen der Kuh.

Dann brüllte sie wieder, so voller Pein, dass es Thomas durch Mark und Bein ging. „Es ist niemand da", sagte er.

„Umso besser", meinte Gotthard, „lass uns reingehn!"

Als Thomas noch zögerte, zog er kurz entschlossen an der eisernen Klinke. Knarrend öffnete sich einer der beiden Türflügel. Vorsichtig schlüpften die Vier ins Haus – und fuhren erschrocken zurück, als ein paar flatternde, gackernde Hühner vor ihnen davonstoben.

Thomas fasste sich als Erster wieder. Er blinzelte, denn nach dem grellen Sonnenlicht war er im Halbdunkel des Hauses fast blind.

Allmählich nahmen die schattenhaften Umrisse Gestalt an und er sah, dass sie in einer breiten Diele standen. Links, durch eine halbhohe Bretterwand abgeteilt, lag der Stall, auf der rechten Seite befand sich eine Mauer mit einem Türbogen, der in den Wohnraum führte. Auf dem Boden verstreut lagen Kleider, Werkzeuge standen herum. Sebastian fluchte, als er einen Schritt vorwärts machte und gegen eine Schaufel stieß, die krachend auf die Dielenbretter fiel.

Thomas bedeutete den anderen mit einer Geste zu warten, beugte sich vor und spähte durch die Türöffnung in den Raum hinein.

Noch bevor er etwas erkennen konnte, überfiel ihn namenlose Furcht und lähmte ihn. Die Ausdünstung des Viehs, den beißenden Geruch tierischer Exkremente hatte er bisher in der Nase gehabt. Jetzt war da noch etwas anderes: ein ekelhafter, fauliger Gestank, der wie eine tödliche Drohung in der Luft hing.

Das Kloster ... Mönche, die mit dem Tod kämpften ... Messer, die durch vereiterte Geschwüre glitten ... Flammen, in denen Kleider zu schwarzem Rauch verbrannten.

Die Lähmung wich und er prallte entsetzt zurück. Er musste seinen ganzen Willen aufbieten um nicht davonzulaufen.

Die Hände in die Seiten gestemmt, damit die anderen sein Zittern nicht bemerkten, baute er sich vor der Türöffnung auf. „Wir gehen nicht hinein", sagte er. Seine Stimme klang heiser vor unterdrückter Angst.

Die anderen spürten seine Schwäche. „Wirklich nicht?", fragte der Stinker drohend und machte zwei Schritte auf ihn zu. Fast erleichtert atmete Thomas den Gestank nach Pisse und altem Schweiß ein, den der andere verströmte.

„Nein!“, sagte er fest.

„Wie willst du uns daran hindern?“, fragte Sebastian lauernd, legte die Hand wie zufällig an den Dolch und schob sich an ihn heran. „Wir sind zu dritt, Mönch. Vielleicht bist du stärker als ich oder der oder der da. Aber wir haben Hunger. Hunger macht gefährlich. Geh zur Seite!“

Thomas verlor die Beherrschung. „Da drin ist der schwarze Tod!“, schrie er.

„Der schwarze Tod?“, wiederholte Marquard ungläubig. „Wer ist das? Ein böser Geist? Du schlägst einfach drei Kreuze, und – hui! – ist er weg, dein schwarzer Tod!“

„Oder wir lassen ihn an dir riechen, Stinker“, ergänzte Gotthard kichernd. „Dann fällt der schwarze Tod tot um!“

„Halt's Maul!“, knurrte der Stinker. „Ich kann's nicht mehr hören!“

„Aber wenn's doch wahr ist!“

Thomas hörte dem Geplänkel fassungslos zu. Sie begriffen nicht, die dummen Jungen. Was war die Aussicht, sich den Bauch vollzuschlagen, gegen die Gefahr, in der sie schwebten!

„Es ist die Pest!“ Seine Stimme überschlug sich, so laut schrie er. „Da drin liegen Tote! Wenn ihr hineingeht und ihnen zu nahe kommt, seid ihr auch tot!“

Sebastian lachte verächtlich auf. „Du bist ein Hosenscheißer. Tot ist tot. Ein Toter kann niemand mehr was tun. Ich geh jetzt rein.“

Ehe Thomas sich dagegen wappnen konnte, hatte er ihn beiseite gestoßen und stürmte in den Raum. Gotthard und Marquard liefen hinterher.

Thomas wollte ihnen nach, sie mit Gewalt ins Freie zerren, aber seine Glieder gehorchten ihm nicht. Er lehnte an der Mauer und sah, was sein Verstand sich zu begreifen weigerte.

An einer Längsseite des Raums standen ein Tisch und zwei Bänke, ihnen gegenüber zwei Truhen. An der Schmalseite waren die Herdstelle, eiserne Haken mit Töpfen daran und ein Regal mit Geschirr und allerlei Gerätschaften.

Vor dem Herd stand ein niedriges hölzernes Gestell mit Strohsäcken darauf. Auf ihnen lagen reglos drei Menschen. Ein Mann und eine Frau, Thomas konnte im Dämmerlicht ihre Gesichter nicht erkennen, aber er wusste auch so, dass ihre Augen und Münder weit aufgerissen waren, weil sie noch im Sterben verzweifelt nach Licht und Luft verlangt hatten. Quer über den Schenkeln der Frau lag ein Kind, ein Mädchen, acht oder neun Jahre alt, mit dem Gesicht nach unten. Eine Hand der Mutter ruhte auf seinem Kopf, als ob sie es damit vor der Seuche hätte bewahren können. Thomas schien es, als seien die Seelen dieser Toten eins mit seiner, als fühlte er selbst, was sie durchlitten hatten.

Die Jungen hatten inzwischen lärmend die beiden Truhen geöffnet und wühlten darin herum.

„Neue Kleider für jeden!“, rief Sebastian. „Hemden, Kleider, Mäntel, alles da!“

Der Stinker hielt sich ein besticktes Frauenkleid vor den Leib. „Wie seh ich aus?“, fragte er grinsend.

„Wie eine verdammte ...“ Sebastian unterbrach sich und entriss Gotthard einen Beutel, den der mit einem Triumphschrei aus einer der Truhen gefischt hatte. „Lass sehen!“

Er leerte den Inhalt auf den Tisch. „Wir teilen es durch drei. Der da“, er deutete auf Thomas, „will nichts. Er könnte ja sterben, wenn er es anfasst.“

Zum ersten Mal blieb sein Blick länger auf den Toten haften. „Neue Stiefel“, sagte er. „Vielleicht passen sie mir. Sucht ihr inzwischen was zu essen. Da hinten ist eine Falltür. Da haben sie bestimmt ihre Vorräte.“

Während die beiden andern die schwere Tür hochwuchteten, beugte er sich zu dem toten Mann und zerrte an seinen Stiefeln.

Thomas löste sich aus seiner Erstarrung. Seine Angst um die Gefährten, um sich selbst war verschwunden. Plötzlich waren diese fremden Toten seine Toten, um die er trauerte wie um Vater und Mutter und Schwester. Er musste sie vor denen schützen, die ihre Ruhe stören wollten, vor diesem Abschaum, gegen den er auf einmal einen Hass empfand, der ihn überwältigte.

Mit ein paar schnellen Schritten war er bei Sebastian. Er packte ihn am Kragen und schleuderte ihn mit aller Kraft gegen die Mauer. Der Junge brach zusammen, prallte im Fallen mit dem Kopf gegen die Kante des steinernen Herdes und blieb reglos am Boden liegen.

„Du hast ihn umgebracht, du dreckiger Hundesohn!“, kreischte der Stinker. Thomas antwortete nicht. Langsam ging er auf die beiden zu, sie wichen furchtsam an die Wand zurück und hielten schützend die Arme vor das Gesicht.

Thomas ließ die Fäuste sinken. „Nehmt euch was zu fressen“, sagte er ruhig, „und nehmt euch das Geld. Und dann raus!“

Sie griffen sich einen Schinken und ein Brot, rafften das Geld vom Tisch und machten, dass sie wegkamen, ohne noch einen Blick auf Sebastian zu werfen.

Langsam ging Thomas ihnen hinterher und sah sie im Wald hinter den Gehöften verschwinden. Vielleicht würden sie später wiederkommen und in eines der anderen Häuser eindringen – ihn kümmerte es nicht. Doch dieses würden sie in Ruhe lassen, dafür wollte er sorgen.

Er kehrte ins Haus zurück. Sebastian lag noch immer ohne sich zu rühren auf dem Boden. Vielleicht war er wirklich tot, aber es schien ihm nicht so. Er hob ihn auf die Arme und trug ihn ins Freie. Er durfte die Ruhe der anderen nicht stören. Weit, weit vor der Umfriedung des Hofs ließ er ihn in das weiche Gras gleiten.

Er ging in den Stall und molk die Kuh, die Milch ließ er direkt in die Streu fließen. Danach trieb er alle Tiere ins Freie, auf die Wiese vor dem Zaun.

Wieder im Haus legte er die Wäsche zurück in die Truhe. Er räumte die Essensreste vom Tisch und die Vorräte in den Keller, denn er fühlte keinen Hunger mehr. Alles Werkzeug stellte er an seinen Platz.

Dann trat er zu den Toten. Er hatte jetzt keine Angst mehr sie zu berühren. Bei ihnen war die Macht des schwarzen Todes gebrochen, hier konnte er ihm nichts tun. Er bettete das Mädchen zwischen die Eltern, schloss ihnen die Augen und betete für ihren Seelenfrieden.

Ein großes leinenes Betttuch, das er in einer der Truhen gefunden hatte, breitete er über sie. Er schloss die Läden vor den Fenstern und verriegelte sie.

Dann nahm er eine Axt und ein paar lange eiserne Nägel und verließ leise das Haus. Mit kräftigen Schlägen trieb er die Nägel durch die geschlossene Tür in die Zargen. Probeweise rüttelte er an der Klinke, die Tür bewegte sich um kein Haarbreit. Die Arbeit war getan.

Müde ging Thomas zum Fluss hinunter. Wieder schien es ihm, als müsse er seine Heimat verlassen, wieder war er allein. Oder doch nicht? „Gott, bist du bei mir?“, fragte er in die Stille des Sommerabends. Natürlich antwortete niemand, aber tief in seinem Innern glaubte er eine tröstende Stimme zu hören. Was sie sagte, verstand er nicht.

Zum hundertsten Mal kam ihm das seltsame Lied des alten Mannes in den Sinn: *Ich bin und weiß nicht, wer.* Wer war er? Ein Mönch? Ein Vorbote des großen Sterbens? Ein Räuber und Dieb, vielleicht ein Mörder? Was hatte Gott für seine Zukunft bestimmt?

Inzwischen war er ans Ufer gelangt. Er stieg in das Boot und band es los, legte sich hinein und ließ es treiben.

Über ihm färbte sich der Himmel rosa und verblasste. Wolken zogen auf, es wurde dunkler, dann war es Nacht.

Das Boot schaukelte sanft auf den Wellen und trug ihn rheinabwärts, weiter und weiter. *Ich fahr und weiß nicht, wohin.*

# 10

Die ganze Nacht hindurch trieb er auf dem Fluss. Kein Wehr störte die ruhige Fahrt. Einmal drehte sich das Boot auf einem kleinen Strudel um sich selbst, einmal geriet es in einen Seitenarm und stieß leicht an eine Uferböschung, doch sofort zog es der Sog wieder mit sich und es glitt auf den Fluss zurück.

Irgendwann schlief Thomas ein.

Er erwachte, als ihm die Morgensonne ins Gesicht schien. Benommen richtete er sich auf und wusste im ersten Augenblick nicht, wo er war.

Er sah nur den Fluss, der jetzt breit und träge strömte und sich in der Ferne zu einer Unzahl von dunkel schimmernden Läufen, Armen und Morasten verzweigte. Er sah die Büsche und Bäume, deren Zweige so weit über das Wasser ragten, dass er sie greifen konnte, und die Wiesen, deren Grün unter den weißen Blüten der Bibernelle fast verschwand.

Gestern noch hatte er die Landschaft öde und langweilig gefunden, weil sic so gleichförmig und ohne Zukunft schien. Jetzt tröstete sie ihn, denn auch die Vergangenheit verblasste in ihr. Krankheit und Tod, Angst und Schuld waren ferne Erinnerungen, die seine Geborgenheit nicht stören konnten.

Er ließ sich zurücksinken und schloss die Augen. Wenn man immer so weitertreiben könnte!

Plötzlich schreckte er hoch und lauschte. Da waren Stimmen, nicht weit vor ihm, Stimmen von vielen Menschen!

Das Gefühl der Geborgenheit war verschwunden. Sein Magen schmerzte vor Hunger, und sein Wasser drückte ihn so, dass er es kaum noch halten konnte. Hastig drehte er sich auf den Bauch und paddelte mühsam ans Ufer. Unter einem grasigen Überhang versteckte er das Boot und band es an einem Erlenstämmchen fest. Dann ließ er sein Wasser ab, und die Erleichterung, die ihm das verschaffte, verstärkte nur seinen Hunger. Er brauchte unbedingt etwas zu essen, und wenn er darum betteln musste. Halb beklommen, halb erwartungsvoll lief er in die Richtung, aus der die Stimmen kamen.

Sie wurden lauter, formten sich zu einer eindringlichen Melodie, und bald verstand Thomas jedes Wort des Liedes, das ihm entgegenschallte.

*„Jesus Christus wurd' gefangen*
*und dann an das Kreuz gehangen,*
*das Kreuz von seinem Blute rot.*
*Bewein sein Leiden und sein' Tod!"*

*„Sünder, wie willst du mir lohnen*
*drei Nägel und die Dornenkrone,*

*das Kreuz, den Speer und auch den Stich?*
*Sünder, das litt ich durch dich.*
*Du wirst leiden nun durch mich!"*

Thomas war stehen geblieben und hörte regungslos dem Gesang zu, der ihn seltsam anrührte.

*„Was bist du von mir abgefalln?*
*Der schwarze Tod hält dich in Kralln!*
*Auch wenn du fliehst, er wird dich fassen*
*und dich schon bald verderben lassen!"*

*„O Herr, wir schrein mit lautem Ton:*
*Nimm unsern Dienst als deinen Lohn!*
*Behüt uns vor dem Höllentod,*
*so bitten wir in unsrer Not!*
*Für dich ist unser Blut geflossen,*
*so wie du deines hast vergossen!"*

Es waren lauter Männer, die da sangen, kräftig und inbrünstig. Wie es wohl wäre, bei ihnen zu sein und mit ihnen singen zu dürfen? Ich fahr und weiß nicht, wohin – vielleicht würde er es bei ihnen erfahren. Er stapfte durch sumpfig werdende Wiesen und rannte eine Böschung hinauf, bis er ein dichtes Weißdorngesträuch erreichte. Jetzt waren sie ganz nah. Der Gesang war verstummt, er hörte gemurmelte Gebete. Leise schlich er an den Rand des Gehölzes, ließ sich auf alle viere nieder und spähte vorsichtig um den äußersten Strauch herum. Da sah er sie. Es mochten an die hundert Männer sein, die nebeneinander im Gras standen. Sie waren barfuß und trugen schmutzige, zerrissene Hemden. Auf den Köpfen hatten sie Hüte, die denen der Pilger ähnelten; auf jedem war vorne ein rotes Kreuz aufgenäht.

Plötzlich, wie auf ein geheimes Zeichen, schlossen sich alle zu einem Halbkreis zusammen. Einer trat vor die anderen hin, ein Alter mit grauem Haar, das wirr unter seinem Hut hervorquoll, und winkte drei andere zu sich.

Jedes Geräusch verstummte. Eine fast greifbare Spannung schien von den Männern Besitz ergriffen zu haben. Sie übertrug sich auch auf Thomas, der, verborgen hinter seinem Busch, atemlos wartete, was nun geschehen würde.

Der Alte begann laut und beschwörend zu sprechen. „Wenn ihr Erlösung wollt, so kommt her und büßt für eure Sünden! Christus hat uns den schwarzen Tod geschickt, damit er seine Pestpfeile auf uns lenkt. Denn wir haben gesündigt! Nicht von Milde, Keuschheit und Gehorsam gegen Gott war unser Leben bestimmt, sondern von Geiz, Wollust und Hochmut. Zu Recht trifft uns die Strafe des Herrn. Also tut Buße, denn dann entkommt ihr dem Höllenbrand! Tut Buße, denn sonst stürzt euch Luzifer ins ewige Verderben!“ Lauter und lauter wurde seine Stimme, bis es dem heimlichen Zuhörer schien, als hallte sie direkt vom Himmel herab. „Tut Buße oder das große Sterben wird über euch kommen! Tut Buße, damit Christus eure Seelen errette! Erniedrigt und peinigt eure Leiber, so wie der Leib Christi erniedrigt und gepeinigt worden ist! Herr, erbarme dich unserer armen Seelen!“ Er breitete die Arme aus und verharrte so, ohne sich zu rühren, dann nickte er.

Bewegung kam in die Menge, die Männer hoben die Hände. Erst jetzt bemerkte Thomas, dass jeder von ihnen einen Stab hielt, von dem drei Schnüre herabhingen, die in dicken Knoten endeten.

Die drei, die vor dem Alten standen, holten weit aus und schwangen ihren Stock mit einer kraftvollen Bewegung auf sich zu, so dass die Schnüre heftig gegen ihre Leiber schlugen. Kaum hatten sie ihren Schlag getan, machten es ihnen die Männer im Halbkreis nach. Dann kamen wieder die drei, dann wieder die anderen, in ununterbrochenem, gleichmäßigem Rhythmus, während der Alte mit ausgebreiteten Armen bewegungslos wie eine Statue vor ihnen stand.

Die Schläge mussten ihnen große Schmerzen bereiten, aber es schien ihnen nichts auszumachen. Keiner jammerte oder stöhnte auch nur, nichts war zu hören außer dem hässlichen Klatschen, wenn die Geißeln auf die dünnen leinenen Hemden trafen. Von seinem Versteck aus konnte Thomas deutlich erkennen, wie sich bei vielen der Männer rote Flecken auf dem hellen Stoff ausbreiteten.

Mit einem Mal begannen sie Gott anzurufen, zum Himmel hinaufzuschreien, während sie sich peitschten. „Herr, erbarme dich! Gott, sei uns gnädig! Christus, errette unsere Seelen!"

Es klang nicht verzweifelt, eher so, als ob sie ihrer Sache sicher und überzeugt wären, dass Gott ihr Opfer und ihre Buße annehmen wollte.

Endlich gab der Alte, der ihr Anführer zu sein schien, wieder ein Zeichen, und sie hörten auf sich zu geißeln. Eine Zeit lang standen sie noch da, die Arme gekreuzt, die Augen geschlossen, in ein Gebet versunken. Dann hockten sie sich ins Gras und begannen so zwanglos miteinander zu plaudern, als seien sie nichts als eine fröhliche Gesellschaft auf der Rückkehr von einer Reise, die ohne Beschwernis verlaufen war.

Thomas kauerte, noch ganz benommen von dem, was er gesehen hatte, hinter dem Gebüsch. Er hatte schon einmal eine Geißelung miterlebt, als frisch gebackener Novize, an einem Abend in der Fastenzeit.

Ein Mönch, asketisch und von fanatischer Frömmigkeit beseelt, hatte sich in der Kirche vor dem Altar gepeitscht. Ehrfürchtig hatten ihm die anderen zugeschaut.

Thomas hatte das damals nicht verstanden. Warum sich so quälen vor dem Angesicht Christi, dessen Leid doch Vergebung aller Sünden bringen sollte?

Aber jetzt fühlte er sich hingezogen zu den Männern, die sich bereitwillig selbst straften, für ihre eigenen Sünden und die anderer. Gott zürnte den Menschen, sonst hätte er ihnen den schwarzen Tod nicht geschickt. Sein Zorn war so groß, dass Gebete allein ihn nicht besänftigen konnten.

Bisher hatte Thomas sich damit abgefunden. Er war voller Zweifel und voller Furcht vor Gottes Zorn und der Pest geflohen. Erreicht hatte er damit nichts, der schwarze Tod hatte ihn immer wieder eingeholt.

Diese Männer hier liefen nicht davon. Sie kämpften um Gottes Vergebung und waren bereit, dafür alles hinzugeben, auch ihr eigenes Blut. Wie sehr unterschieden sie sich von dem Mönch, der in der Geborgenheit des Klosters seine Frömmigkeit zur Schau getragen hatte wie einen Mantel mit Hermelinbesatz oder ein kostbares Geschmeide! Sie peinigten sich ohne auf den Beifall derer zu rechnen, die den Mut dazu nicht fanden.

Seit langer Zeit glaubte Thomas wieder ein Ziel zu haben: Er wollte mit ihnen ziehen. Aber noch zögerte er aufzuspringen und sich zu ihnen zu gesellen. Würden sie ihn aufnehmen, ihn, einen Dieb, vielleicht einen Mörder?

Das Knurren seines Magens gab schließlich den Ausschlag. Erst musste er etwas essen, dann würde er weitersehen.

Er stand auf und ging entschlossen auf die Geißler zu.

Zuerst bemerkte ihn niemand, denn alle waren in Gespräche vertieft. Erst, als er sich vor den Alten stellte und vernehmlich grüßte, blickten die meisten auf. Der Alte erwiderte seinen Gruß freundlich und ohne im Mindesten erstaunt über den unerwarteten Besucher zu sein. Er musterte Thomas aufmerksam und fragte dann in einem Ton, der die Antwort schon vorwegzunehmen schien: „Du willst dich uns anschließen, Bruder?"

„Wenn Ihr es erlaubt", erwiderte Thomas überrascht, „aber woher wisst Ihr das?"

„Man sieht es dir an", meinte der Alte. „Aber bevor wir es dir erlauben, musst du ..."

Thomas schwankte; der Alte erhob sich mit unerwarteter Behändigkeit und stützte ihn. „Bei der Heiligen Jungfrau", sagte er, „du bist ganz bleich! Wann hast du das letzte Mal etwas zu dir genommen?"

„Heut Abend ist es drei Tage her." Thomas verbesserte sich rasch angesichts des prüfenden Blicks, der ihn zu durchdringen schien. „Nein, das stimmt nicht. Gestern habe ich gegessen. Aber nur ein paar Beeren und Blätter."

Der Alte nickte anerkennend. „Die Wahrheit lieben, auch in der geringsten Kleinigkeit. Das ist eine wichtige Tugend."

Auf einmal lächelte er. Die Strenge seines Gesichts wich einer wunderbaren Freundlichkeit; Thomas fühlte sich an den Medicus erinnert.

„Du hast also Hunger?", erkundigte sich der Alte.

„Und wie, Herr!" Allein das Wort bewirkte schon, dass sich sein leerer Magen schmerzhaft zusammenzog.

„Nenn mich Meister, wie alle hier", gebot der Alte und rief den im Gras sitzenden Männern zu: „Gebt ihm zu essen und zu trinken!"

Gleich darauf standen Brot, Käse und eine Flasche mit verdünntem Wein vor Thomas. Er ließ sich nieder, griff nach dem Brot und schloss die Augen in der Vorfreude des Genusses. Dann biss er hinein. Es war hart und schmeckte fade, aber er fand es unvergleichlich. Er verschlang ein großes Stück, ließ ihm einen der kleinen, säuerlichen Käse folgen, nahm einen tiefen Zug aus der Flasche und begann das Ganze von vorn.

Der Alte, der sich Meister nennen ließ, sah ihm eine ganze Weile wohlwollend zu. Nach dem dritten Durchgang legte er ihm eine Hand auf die Schulter und mahnte: „Du hast lange gefastet. Iss nicht zu viel, sonst wird dir übel! Dein Magen ist es nicht mehr gewöhnt."

Nachdem Thomas gehorsam, aber mit Bedauern den letzten Bissen in den Mund geschoben und ihn mit einem

Schluck Wein hinuntergespült hatte, stellte der alte Geißler fest: „Du willst also einer von uns werden."

Thomas bejahte und fügte zögernd hinzu: „Aber ich ... ich habe schwer gesündigt!"

„Wer hat das nicht", sagte der Alte versonnen und nickte ihm ermutigend zu. „Sag mir, was du getan hast!"

„Ich habe gestohlen und gestern habe ich vielleicht einen Menschen getötet." Mit knappen Worten und ohne etwas zu beschönigen, berichtete er, was er seit Verlassen des Klosters erlebt und getan hatte.

Wieder nickte der Alte. „Wenn du deine Sünden vor uns allen bekennst und die Buße leistet, die ich dir auferlege, werde ich dir die Absolution erteilen."

„Seid Ihr denn ein Priester?", fragte Thomas erstaunt.

Die Miene des Alten wurde düster. „Was, Priester", wehrte er mit sichtbarem Ärger ab. „Die Priester sind reich und bequem geworden im Dienst Gottes. Sie prassen und huren oft ärger als die Fürsten. Glaubst du im Ernst, solche Leute können die Christenheit vor Luzifer erretten? Die Männer hier haben einen festeren Glauben und eine reinere Seele als die meisten Pfaffen, glaub's mir. Sie alle legen vor mir die Beichte ab und ich spreche sie los."

Er merkte, dass er Thomas eingeschüchtert hatte; seine Stimme wurde wieder sanft. „Vertrau mir, es hat schon seine Richtigkeit. Doch mit deiner Beichte allein ist es nicht getan. Es gibt noch andere Bedingungen. Du musst wenigstens dreißig Tage bei uns bleiben und für jeden Tag vier Pfennige besitzen, damit du den anderen nicht zur Last fällst. Hast du so viel?"

Thomas schüttelte betreten den Kopf. „Nicht einen Pfennig, Meister. Aber“, sein Gesicht hellte sich auf, „ich habe etwas, das könnte so viel wert sein.“

Er löste sein Wehrgehänge mit dem Schwert daran und reichte es dem Alten. „Ich habe es von meinem Vater.“ Bitter fügte er hinzu: „Er hat es mir als Ersatz für mein Zuhause geschenkt.“

„Es ist mehr wert als die Summe, die du brauchst“, meinte der Alte. „Ich werde es in Verwahrung nehmen und dir dafür die nötige Summe geben. Bei uns darfst du ohnehin keine Waffe tragen.“

Er drückte Thomas eine Anzahl Geldstücke in die Hand und schob das Schwert in sein Bündel, das zu seinen Füßen lag. Thomas sah es darin verschwinden, und es war ihm, als ob im gleichen Moment das Bild seines Vaters in seiner Erinnerung verblasste.

„Merk dir, was du sonst noch beherzigen musst“, fuhr der Alte fort. „Es ist dir streng verboten, mit Frauen zu reden oder gar mit ihnen Verkehr zu haben. Du darfst niemals lügen und von irgendwem etwas entgegennehmen, um deinen Besitz zu mehren, über das hinaus, was du unbedingt zum Leben brauchst. Die Furcht vor der Pest musst du aus deinem Herzen verbannen und jederzeit bereit sein, ihren Opfern den letzten Dienst zu erweisen. Mir bist du in allen Dingen Gehorsam schuldig. Willst du das alles befolgen?“

Die Furcht vor der Pest verbannen ... Erinnerungen kamen, wurden zu Bildern, aber Thomas verschloss sich vor ihnen. „Ja“, antwortete er fest, „ich werde alles einhalten, was Ihr verlangt.“

Der Alte betrachtete ihn eine Weile prüfend. „Also gut", sagte er schließlich, „dann komm!"

Er erhob sich, fasste Thomas bei der Hand und verkündete mit lauter Stimme: „Hört her, Brüder, hier ist jemand, der zu uns gehören will. Er wird jetzt bekennen und Buße tun."

Schlagartig wandten sich Thomas alle Blicke zu, die Unterhaltung verstummte. Er begann. Erst sprach er zögernd und leise, schämte sich, seine Gedanken und Handlungen vor aller Ohren zu offenbaren. Bald jedoch verlor er seine Scheu, redete lauter und schneller, klagte sich an und verdammte sich, rief schließlich alles heraus, was ihm sündhaft erschien, begierig, auch die kleinste Verfehlung zu bekennen.

Erschöpft hielt er schließlich inne. Vielleicht verstießen ihn die anderen wegen seiner Sündhaftigkeit noch bevor sie ihn richtig aufgenommen hatten; dennoch fühlte er sich leicht und frei.

Lange Zeit war nichts zu hören als das Zirpen der Grillen und das Zwitschern eines Amselhähnchens irgendwo aus den Weißdornbüschen. Mit gesenktem Kopf erwartete Thomas sein Urteil.

Dann sagte der Meister feierlich: „Deine Reue ist echt. Ich spreche dich frei." Er ließ sich von einem der Männer eine Geißel reichen und gab sie an Thomas weiter. „Jetzt tue Buße", befahl er.

Thomas hatte sein Gewand abgelegt und stand im bloßen Hemd da. Er bemerkte, dass aus den Knoten am Ende der Schnüre eiserne Stacheln herausragten.

Furcht beschlich ihn. Bei allen Heiligen, es würde wehtun!

„Hilf mir, Christus!“, betete er im Stillen. Er schloss die Augen, holte aus und schwang die Geißel gegen sich selbst.

Der Schmerz war so stark, dass er ihm den Atem nahm. Die spitzen Stacheln drangen durch das dünne Hemd und bohrten sich tief in sein Fleisch. Er wollte schreien, aber er biss die Zähne zusammen und holte erneut aus.

Wieder durchfuhr ihn der Schmerz und diesmal schrie er. Doch es war kein Schmerzensschrei, den er ausstieß, es war eine Anrufung Gottes. Und wieder schlug er zu. Ein Gefühl begann ihn zu durchdringen, wie die Wärme einen Durchfrorenen durchdringt, wenn er sich endlich am Ofen niederlassen darf. Ein Gefühl von Zufriedenheit, ja, von Glück, wie er es noch niemals empfunden hatte.

Jetzt ließ er die Schläge in rascher Folge auf Brust, Schultern und Oberarme niederprasseln. Angst, Enttäuschung und Einsamkeit, er peitschte sie sich aus dem Leib und schrie im abgehackten Rhythmus der Schläge Gebete heraus, so voller Inbrunst, als ob er nie gezweifelt hätte.

Als der Meister befahl: „Hör auf, es ist genug!“, nahm er das gar nicht wahr und holte immer wieder aus, bis ihm einer die Geißel aus der Hand wand.

Schwer atmend und schweißüberströmt stand er da und bemerkte, noch gar nicht recht bei Sinnen, so, als ob er einen Fremden betrachtete, dass sein Hemd blutdurchtränkt war. Langsam kam er wieder zu sich und wartete auf die Schmerzen, doch sie blieben aus. Er fühlte nichts als eine angenehme Mattigkeit in seinen Gliedern und seine Seele schien von einer schweren Last befreit.

„Meinst du, dass du schon wieder gehen kannst, oder willst du dich noch etwas ausruhen?“, erkundigte sich der Meister besorgt.

Thomas schüttelte den Kopf. „Ich kann gehen, Meister. Es war gar nicht schwer. Aber darf ich Euch etwas fragen? Wohin ziehen wir?“

„Die nächste große Stadt ist Mainz“, gab der Meister zur Antwort. „Dort werden wir die Menschen zu Reue und Umkehr bewegen. Und dann? Ich weiß es nicht. Gott wird uns den Weg zeigen.“

Er schaute versonnen in die Ferne. „Es wird ein Weg im Schatten des schwarzen Todes sein, so lange, bis es Gott gefällt, die Menschen von ihm zu befreien.“

Er gab das Zeichen zum Aufbruch. Die Männer formierten sich in einer langen Zweierreihe, der Meister begab sich an die Spitze. Thomas stellte sich neben einen jungen Mann, vielleicht drei oder vier Jahre älter als er selbst, auf dessen entblößter Brust Wunden und Narben der Geißel sichtbar waren.

Der andere lächelte ihm freundlich zu und Thomas erwiderte das Lächeln.

„Im Schatten des schwarzen Todes“, dachte er, als der Zug sich langsam in Bewegung setzte, und stellte fest, dass die Worte ihren Schrecken verloren hatten.

„Mich wundert, dass ich so fröhlich bin ...“ Er lachte laut heraus, so dass sein Nachbar ihn verwundert anblickte.

Ja, er war fröhlich. Die ledernen Gurte seines Rucksacks scheuerten auf den frischen Wunden; er besaß nichts als das, was er auf dem Leib trug, und wanderte in eine Stadt, in der der schwarze Tod wahrscheinlich schon wütete. Trotzdem war er fröhlich. Warum, das wollte er gar nicht wissen.

Die Männer hatten wieder zu singen begonnen, und er stimmte ein, so gut er es vermochte:

*O Herr, wir schrein mit lautem Ton:*
*Nimm unsern Dienst als deinen Lohn!*
*Behüt uns vor dem Höllentod,*
*so bitten wir in unsrer Not!*
*Für dich ist unser Blut geflossen,*
*so wie du deines hast vergossen!*

# 11

Seit sechs Tagen wanderten Elisabeth und David nun schon rheinabwärts. Sie hielten sich möglichst abseits der Straße und vermieden es, in Gasthöfen einzukehren, sondern schliefen im Wald, unter schützendem Gesträuch oder inmitten einer ungemähten Wiese. Denn immer noch mussten sie fürchten, dem Mann mit dem fehlenden Finger und seinen Kumpanen zu begegnen.

Zweimal hatten sie sich in ein Dorf gewagt und Lebensmittel erstanden; einer Bäuerin hatte David ein wollenes Kleid abgekauft, das Elisabeths Formen so verhüllte, wie es sich seiner Ansicht nach gehörte, und ein Tuch, das ihre dunklen Locken bändigte. Geld besaßen sie genug, denn die meisten von Davids Goldstücken hatten noch im Rucksack des falschen Pilgers gesteckt.

Es schien, als ob der Sommer, der so kalt und regnerisch begonnen hatte, die schmerzlich vermisste Wärme nun doppelt spenden wollte: Täglich brannte die Sonne vom wolkenlosen Himmel; kaum einmal verschaffte ein leichter Wind ein wenig Kühlung.

Als David und Elisabeth am Vormittag des sechsten Tages ein großes Dorf vor sich liegen sahen, waren sie schon erschöpft, obwohl sie erst wenige Stunden Marsch hinter sich hatten.

„Wir müssen es umgehen", seufzte Elisabeth. Sie langte nach einem Zipfel ihres Kleides, das sie zu Davids Missfallen längst ausgezogen und über die Schulter geworfen hatte, und wischte sich damit den Schweiß von der Stirn. „Meine Unschuld würd ich geben, wenn ich sie noch hätte, für eine Maß Bier, aus einem tiefen, felsigen Keller und so kalt wie Novemberregen ..."

„Da gibt's bestimmt ein Wirtshaus. Riskieren wir es doch einfach", meinte David. „Wenn er uns über den Weg läuft, nehmen wir eben die Beine in die Hand."

Elisabeth schüttelte den Kopf. „Wenn er wirklich hier ist und sich irgendwie ein bisschen Geld ergaunert hat, dann sitzt er im Wirtshaus. Stell dir vor, er bemerkt uns da: ‚Der Jud und die Hure haben mich bestohlen!', würde er schreien, und das ganze Dorf wäre hinter uns her ... Was hast du?"

David war plötzlich stehen geblieben und fasste nach ihrer Hand: „Schau, da vorne", sagte er aufgeregt.

Auf einem Brachfeld, zwischen Geröll, wuchernden Disteln und Unrat stieg von schwelenden Feuern dünner schwarzer Rauch in die hitzeflirrende Luft.

„Pestfeuer", sagte Elisabeth gleichgültig. „Na und? Hast du dich an die noch immer nicht gewöhnt?"

„Nicht die Feuer", erwiderte David ungeduldig. „Dahinter!"

Jetzt sah Elisabeth, was er meinte. Am Ende des Angers waren drei hohe Gerüste aufgerichtet, jeweils zwei Stämme, mit einem Querbalken verbunden. An jedem hing, steif und mit gestreckten Gliedern wie die hölzernen Püppchen, mit denen die Bauernkinder spielen, ein Mann. Ein Schwarm Krähen umflatterte die Gehängten und stieß mit misstönendem Kreischen immer wieder auf sie nieder und hackte nach ihren Gesichtern.

„Warte hier!“, rief David und rannte auf die Richtstätte zu.

„Was hast du vor? Bleib von den Feuern weg! Komm den Toten nicht zu nah!“ Elisabeth blieb einen Augenblick unschlüssig stehen, als er ihre Rufe nicht beachtete, dann lief sie ihm hinterher.

Keckernd und schreiend flogen die schwarzen Vögel davon; auf einem nahen Baum ließen sie sich nieder und beäugten misstrauisch die Wesen, die ihnen ihre Beute offenbar streitig machen wollten.

„Was hast du vor?“, wiederholte Elisabeth, als sie David schwitzend und atemlos eingeholt hatte. Er deutete nur schweigend auf die, die da reglos hingen.

Erst begriff sie nicht, was er ihr zeigen wollte. Die Gesichter der Gerichteten waren keine menschlichen Gesichter mehr, zerfleischt und zerfetzt von den scharfen Schnabelhieben. Sie waren nur noch abscheuliche, augenlose Masken.

Halb schaudernd, halb mitleidig wollte Elisabeth sich umdrehen, da fiel ihr Blick auf die Arme des Mannes, der in der Mitte hing. Seine Arme waren vom Körper abgespreizt, steif und verdreht, und sie konnte deutlich erkennen, dass ihm der rechte Zeigefinger fehlte.

„Du wirst auf keinen Judenhut mehr scheißen, mein gottesfürchtiger Freund“, murmelte David und spuckte aus. Er hob den Fuß, um den Beinen des Toten einen Tritt zu versetzen, aber Elisabeth hielt ihn zurück. „Lass ihn!“, sagte sie mit harter Stimme.

„Warum?“ David ließ seinen Fuß widerstrebend sinken. „Hat mir der Hundesohn nicht alles gestohlen, was ich hatte? Glaubst du, er hätte gezögert uns den Hals umzudrehen, wenn er uns erwischt hätte?“

„Warum willst du den Preis dafür noch einmal von ihm fordern? Er hat ihn schon bezahlt. Gönn ihm seinen Frieden – falls er ihn gefunden hat. Er bekommt ja nicht einmal ein christliches Begräbnis.“

„Kannst ihn ja verscharren und ein Kreuz über ihm schlagen“, höhnte David.

„Einen Dreck werd ich tun“, gab Elisabeth scharf zurück. „Ich muss mich um mich selbst kümmern. Die guten Taten überlass ich den Pfaffen. Allerdings ...“ Sie zögerte und schaute zu dem entstellten Gesicht des Toten auf.

„Du willst es tun“, sagte David erstaunt, „du willst es wirklich tun! Du willst die drei Galgenvögel abschneiden und begraben!“

„Und du? Würdest du mir dabei helfen?“, fragte Elisabeth leise.

David schüttelte den Kopf. „Wie komme ich dazu? Er war doch schlecht, durch und durch schlecht!“

„Schlecht? Was ist das schon? Er war ein Dieb, vielleicht ein Mörder, und ich hab Angst vor ihm gehabt. Aber schau dir sein Gewand an, dreckig und voller Löcher. In dem

Rucksack da, was war schon drin außer deinem Geld und deinem Mantel? Nicht mal ordentliche Schuhe oder ein warmes Hemd. Weißt du, an wen mich das erinnert? Na? Ich hatte kein Kleid, bis du mir eins gekauft hast. Und die Schuhe, die hab ich einem Freier von den Füßen geklaut, als er besoffen neben mir geschnarcht hat. Der Lump, der da hängt, steif wie ein Erfrorener, der hatte kein Dach überm Kopf, keinen Acker, kein Gold ..."

„Ich versteh schon", unterbrach David bitter. „Ich hab Gold, mein Vater hat noch mehr. Alle Juden, denkst du wohl, haben Gold und benutzen es, um die Christen auszuplündern. Vielleicht ist der da auch einer, den die Juden ausgequetscht haben, bis ihm nichts mehr geblieben ist ..."

„Ach, halt's Maul!", sagte Elisabeth heftig. „Du verstehst gar nichts. Die Christen hassen die Juden und die Juden hassen die Christen. Der da war ein Ausgestoßener, den alle hassten und verachteten, Juden und Christen. Ich bin ein Mädchen, das sich für Geld hinlegt; auch mich hassen und verachten alle, auch die, die meine Dienste gern in Anspruch nehmen. Wo ist der Unterschied zwischen mir und ihm? Wenn keiner meinen Körper will und ich stehle, damit ich was zu fressen habe, und sie erwischen mich, hängen sie mich genauso auf. Vielleicht kommt dann einer, der der diebischen Hure noch einen Tritt versetzen will!" Sie bemühte sich vergebens, das Zittern in ihrer Stimme zu beherrschen. „Warum das so ist? Warum Gott das so beschlossen hat? Keiner weiß es. Da, schau hin", sie deutete auf die schwelenden Feuer. „Der schwarze Tod, der behandelt alle gleich. Juden und Christen, Diebe und Huren, Pfaffen und Grafen.

Warum hab ich eigentlich Angst vor ihm?" Sie wandte sich ab, damit er nicht sah, dass ihr Tränen aus den Augen liefen. „Komm, wir brechen auf", sagte sie müde. „Wir haben ja nicht einmal eine Schaufel um eine Grube auszuheben. Und wenn uns jemand beobachtet, haben wir sämtliche Dorfbewohner auf dem Hals. Dann könnte der Balken da leicht auch unser letztes Ruheplätzchen werden. Wo die Pest ist, da zögern die Leute nicht lang ihr zuvorzukommen."

Mit einer entschlossenen Bewegung nahm sie das Kleid von der Schulter und zog es über. Ihre Augen glänzten noch, aber sie deutete ein Lächeln an, als sie sagte: „Worauf wartest du? Ich will ins Wirtshaus. Jetzt gibt's doch keinen Grund mehr, warum ich mein Bier nicht bekommen soll!"

Sie gingen davon ohne sich umzusehen. Hinter ihnen nahmen die Krähen kreischend ihre Mahlzeit wieder auf.

Verstohlen beobachtete David seine Begleiterin, als sie auf das Dorf zuschritten. Sie blickte starr geradeaus, das Kinn trotzig vorgeschoben; in ihrem schmutzigen, verschwitzten Gesicht hatten die Tränen, die er wohl bemerkt hatte, helle Streifen hinterlassen.

In den letzten Tagen war sie ihm so vertraut geworden, als wäre sie schon Jahre bei ihm. Jetzt hatte sich eine Kluft zwischen ihnen aufgetan, und er begriff, dass er sie überhaupt nicht kannte.

„Was ist der Unterschied zwischen mir und ihm?", hatte sie gefragt. Der Unterschied zwischen ihr und einem gewalttätigen Dieb und Räuber, das war doch lächerlich! David ballte wütend die Fäuste. Er machte ihm noch als Toter zu schaffen, dieser verdammte Hurensohn!

Er biss sich auf die Lippen, als ihm bewusst wurde, dass er eben in Gedanken ihre Frage beantwortet hatte: Es gibt keinen Unterschied!

Sein Zorn verrauchte und wich einem Gefühl der Scham. Er hatte nur an sich gedacht, an die Schwierigkeiten und Demütigungen, denen er, der Jude, ausgesetzt war. Dabei besaß er genug um niemals Hunger leiden zu müssen, hatte seine Familie, in der er geborgen war; wenn er wirklich in Not geriet, konnte er fest auf die Hilfe seiner Glaubensbrüder rechnen.

Sie hatte nichts von all dem. In den Augen der meisten Menschen war sie wohl tatsächlich nicht besser als der Tote auf dem Anger. Und doch hatte sie ihr Schicksal so wenig beeinflussen können wie ein Jude das seine, nämlich als Jude geboren zu sein.

Plötzlich empfand er ein Gefühl der Zuneigung für sie, das ihn fast überwältigte. Am liebsten wäre er stehen geblieben und hätte sie in die Arme genommen. Aber ein Blick auf ihr verschlossenes Gesicht hielt ihn davon ab und so trottete er schweigend neben ihr her.

Inzwischen hatten sie das Dorf fast erreicht.

Frauen und Männer hockten oder knieten in den Feldern und schwangen die Sicheln. Bündelweise fassten sie die Halme und schnitten die reifen Ähren eine Elle über dem Boden ab.

Die Sonne brannte unbarmherzig vom Himmel, ab und zu fuhr sich jemand mit der Hand über die Stirn, um den Schweiß abzuwischen, oder nahm einen Schluck aus einer tönernen Flasche. Ein paar Kinder flochten Zöpfe aus langen Halmen und banden mit ihnen das geerntete Getreide zu Garben zusammen. Niemand sprach ein Wort.

Niemand sah auf oder winkte, als David und Elisabeth vorbeikamen und grüßten, auch die Kinder nicht. Alle hockten nur da, in ihre Arbeit vertieft, die Augen niedergeschlagen, in gleichmäßigem Rhythmus glitten die Sicheln durch das Korn, mit leisem Rauschen und Knistern sanken die Halme. Wenn eines der Kinder aufstand, um neue Halme zum Bündeln zu sammeln, ging es langsam und vorsichtig, als fürchtete es, zu viel Lärm zu machen.

Die Straße verbreiterte sich, Höfe mit kleinen Gärten säumten sie. Es war ein stattliches Dorf, die Häuser waren aus Fachwerk und mit braunen Schindeln gedeckt, manche hatten sogar richtige Ziegeldächer.

Hunde schnupperten im Straßendreck, ein paar Schweine bohrten ihre Schnauzen in einen Haufen von Blättern und Gemüseresten, eine Katze stand auf einem Fenstersims, dehnte sich und sprang in den Schatten eines Apfelbaums.

Aus einem offenen Schuppen rauchte und zischte es, der Gestank von verbranntem Horn drang heraus und das helle „Pingping“ von Hammerschlägen auf eisernen Nägeln ertönte.

Zwei Bauern, den Rechen über der Schulter, begegneten David und Elisabeth, eine Frau, die einen Korb mit Broten, Früchten und Zwiebeln trug, ein junger Mann, der ein großes Karrenrad zur Schmiede rollte.

Auch hier erwiderte niemand ihren Gruß, ja, die Leute machten einen Bogen, drückten sich an den Rand der Gärten und beschleunigten ihre Schritte, wenn sie an ihnen vorüberkamen.

„Sie weichen uns aus." David fand endlich den Mut, das Schweigen zu brechen, das auf ihnen lastete.

„Ja", entgegnete Elisabeth kurz.

„Warum?"

„Kannst du dir das nicht denken?"

„Ach ... so", sagte David stockend. „Aber sie wissen doch gar nicht, dass ich ..."

„Ich, ich!" Elisabeths Stimme war so scharf, dass er zusammenzuckte. „Hast du denn niemanden als dich selbst im Kopf? Wer du bist, ist ihnen egal. Sie haben Angst, dass ein Fremder sie anstecken könnte, obwohl die Pest schon längst unter ihnen ist. Sie fürchten unsere Berührung, unseren Atem, sogar unsere Blicke. Wir können froh sein, wenn sie uns nicht mit Steinwürfen davonjagen." Sie schien ihre Heftigkeit zu bedauern, denn sie fügte freundlicher hinzu: „Da vor der Kirche, das könnte das Wirtshaus sein."

Sie gingen darauf zu. Es war ein großer, einstöckiger Bau mit einem hölzernen Tor in der Mitte. Auf der rechten Seite war mit ungelenker Hand ein übermannsgroßer Christopherus an die Wand gemalt, der in seinen riesigen Händen ein winziges Jesuskind hielt.

David wollte das Tor öffnen, aber es war verschlossen. Energisch klopfte er dagegen. Als sich niemand sehen ließ, klopfte er noch einmal, schließlich trat er mit dem Fuß gegen das Holz, dass es dröhnte.

„Was wollt ihr?", ließ sich endlich drinnen eine unwirsche Stimme vernehmen. „Das Wirtshaus ist geschlossen."

„Wir haben Hunger und Durst!“

„Den Hunger kann man aushalten und für den Durst ist genug Wasser im Fluss!“

David wollte sich verärgert abwenden aber Elisabeth gab nicht so schnell auf. „Hör zu, du Bastard eines räudigen Henkersknechts“, rief sie, und mit jedem Wort schien sie ihre Unbekümmertheit ein wenig mehr zurückzugewinnen, „hast du ein Wirtshaus oder hast du keins? Wir wollen einen Krug von deinem Bier, auch wenn es wahrscheinlich wie Ochsenpisse schmeckt. Du musst es uns nicht schenken, wir bezahlen dafür!“

„Behalt deine Pfennige, ich will sie nicht! Und jetzt schert euch zum Teufel!“

„Du willst unsere Pfennige nicht, du voll gefressene Blindschleiche? Und was würdest du zu einem Goldstück sagen?“

Hinter der Tür war es eine Zeit lang mäuschenstill. Dann sagte die Stimme, schon viel weniger abweisend: „Lass sehen!“

Die Tür öffnete sich knarrend ein Stück, aus dem Spalt schob sich eine schmutzige, notdürftig mit einem Fetzen Stoff umwickelte Hand.

„Das hättest du wohl gern, Junker Kalbskopf“, spottete Elisabeth. „Ich leg dir das Goldstück hinein, die Tür schließt sich wieder, und – ach! – so sehr du dich auch mühst, du findest einfach den Schlüssel nicht mehr. Steck den Kopf raus, dann zeig ich dir's! Ich zähl bis drei, dann geh ich Flusswasser saufen!“

Sie gab David einen Wink, der zog eins seiner Goldstücke heraus und drückte es ihr in die Hand. „Eins“, zählte sie, „zwei ...“ Da öffnete sich die Tür ein Stück weiter, ein rundes, mürrisches Gesicht kam zum Vorschein, zwei sandverklebte Augen musterten die Münze.

„Habt ihr auch nicht die Pest?“, erkundigte sich der Wirt misstrauisch.

„So wenig wie du“, gab Elisabeth zurück. „Du kannst außerdem ganz beruhigt sein. Du kannst die Pest gar nicht kriegen. Höchstens die Schweinepest, und daran stirbt man nicht!“

„Ach, halt endlich das Maul, vorlautes Weibsstück! Also, ihr wollt Bier ... Für den Krug müsst ihr aber ein Goldstück extra bezahlen, den kann ich nicht zurücknehmen, das ist mir zu gefährlich.“

„Du bist schlimmer wie ein jü...“, Elisabeth verbesserte sich rasch, „wie ein Pferdehändler. Aber wenn du uns noch ein großes Brot, ein Stück Rauchfleisch und ein paar Pflaumen dazugibst, bin ich einverstanden.“

Der Wirt überlegte nicht lang. Zwei Goldstücke – dafür bekam er einen ausgewachsenen Ochsen und das Geschirr noch dazu! Er eilte nach drinnen und schleppte das Verlangte herbei. „Legt das Gold da auf den Stein und geht ein paar Schritte zurück!“, gebot er.

„Du hast wohl Angst, dass ich dich küsse“, spottete Elisabeth. „Die brauchst du nicht zu haben. Ich küsse bloß Männer, keine verschimmelten Weinschläuche.“

„Bei allen Heiligen, du bist wirklich ein freches Luder!“ Der Wirt kam heraus und stellte den Krug und die Lebensmittel, die er in einen billigen Weidenkorb gepackt hatte, an die Tür. Er blinzelte Elisabeth aus trüben Augen an und betrachtete sie anerkennend. „In normalen Zeiten hättest du für dein Essen nicht bezahlen müssen. Jedenfalls nicht mit Gold. Aber die Zeiten sind nicht normal.“ Er bückte sich und steckte das Geld ein. „Vor drei Tagen ist ein Geißlerzug hier durchgekommen, ein paar hundert Männer. Wir haben gehofft, dass sie mit ihren Gebeten die verfluchte Seuche vertreiben. Stattdessen sind seitdem vier Leute mehr krank geworden. Drei davon sind schon verreckt. Also schleicht euch und kommt nicht wieder! Wir haben genug von Fremden.“

Er wollte ins Haus zurückkehren, aber David rief: „Warte noch einen Augenblick! Auf dem Anger, die drei Gehängten. Was haben sie gemacht?“

Der Wirt grinste. „Die? Die hatten Hunger und Durst wie ihr. Nur Goldstücke hatten sie keine dabei. Deshalb sind sie gestern am helllichten Morgen in einen Hof eingebrochen, haben den Bauern und seine Frau zur Tür hinausgeprügelt und dann drei Hühnern den Hals umgedreht und ein Dutzend Eier aufgesammelt. Als sie wieder nach draußen wollten, haben wir sie mit unseren Mistgabeln in Empfang genommen und vors Dorf getrieben. Dort durften sie sich gegenseitig die Schlingen um den Hals legen. Wir konnten sie doch nicht anfassen, ihr versteht schon. Also, ich geb euch einen guten Rat, ihr müsst auch nichts dafür bezahlen. Macht, dass ihr so schnell wie möglich wegkommt! Fremde sind hier zur Zeit nicht grad gern gesehen, wie gesagt!“ Er schlurfte ins Haus zurück, krachend schlug die Tür hinter ihm zu.

„Wir sollten seinen Rat beherzigen“, meinte Elisabeth. Ihre Munterkeit war wie weggeblasen. „Machen wir, dass wir hier wegkommen!“

Sie hob mühsam den Krug, der bestimmt vier oder fünf Maß fasste, an den Mund und trank so hastig, dass ihr die Hälfte über das Kinn lief. Dann reichte sie den Krug an David weiter. „Nimm einen Schluck, essen können wir später.“

David nippte und verzog das Gesicht. Das Bier war alt und sauer. Vielleicht schmeckt Ochsenpisse wirklich so ähnlich, dachte er. Aber es war kühl und immer noch besser als Flusswasser. Er setzte sich den Krug auf die Schulter, Elisabeth nahm den Korb, und so rasch sie konnten, verließen sie das Dorf.

Einige Zeit wanderten sie noch die staubige Straße entlang; David lief der Schweiß herunter und der Krug schien ihm schwer wie Blei. Endlich wies Elisabeth auf eine Gruppe von Weiden direkt am Ufer. „Da ist es schattig“, sagte sie.

Sie stapften durch das hohe Gras und ließen sich am Stamm der Bäume nieder.

„Ich nehm ein Bad“, verkündete Elisabeth. Sie zog sich aus und stakste vorsichtig an einem Brennnesselfeld vorbei hinunter zum Wasser. David schaute ihr nach. Die dunklen Locken fielen ihr bis auf den Rücken hinab, ihre runden Hinterbacken schimmerten verlockend.

David merkte, dass sein Mund trocken wurde. Wie es wohl wäre, ihren Körper zu streicheln und zu küssen, den Kopf an ihre nackte Brust zu legen?

Ärgerlich biss er sich auf die Lippen. Es war eine Schande, so etwas auch nur zu denken! Kein anständiger Mann durfte eine Frau anrühren, bevor nicht die *nissu'in* vollzogen war.

Schnell nahm er einen Schluck Bier, der saure Geschmack lenkte ihn ein wenig ab. Seufzend ließ er sich ins Gras sinken und schloss die Augen. Noch nie hatte er ein Mädchen wie Elisabeth kennen gelernt. Die jüdischen Mädchen, die er kannte, saßen kerzengerade und mit niedergeschlagenen Augen bei Tisch und redeten nur, wenn sie gefragt wurden. Sie hätten nie geflucht wie ein Fuhrmann, aus einem Riesenkrug getrunken oder sich vor einem Mann nackt ausgezogen. Sie hätten wohl auch kaum gewusst, wie sie jemandem, der in höchster Gefahr war, helfen konnten. Und die Vorstellung, dass sie mit einem Jungen, den sie noch nie zuvor gesehen hatten, auf Wanderschaft gegangen wären, war so abwegig, dass er kichern musste.

Nein, ein Mädchen wie Elisabeth hatte er wirklich noch nie kennen gelernt. Wie sprunghaft sie war! Zornig und dann traurig bei den drei Gehängten, sprudelnd vor Übermut und Frechheit beim Gespräch mit dem Wirt und wieder nachdenklich und in sich gekehrt, als sie vom Ende des falschen Pilgers gehört hatte.

Sie sieht sich selbst in ihm, dachte David. Sie sieht sich heimatlos und rechtlos durchs Leben stolpern, so wie er. Weil sie klug und mutig ist, kann sie aus vielen Situationen das Beste machen. Trotzdem wird sie am Ende verlieren, gegen Alter, Armut und Kälte. Ob ich etwas an ihrem Schicksal ändern kann?

Er sann darüber nach und fand doch keine Lösung; zum ersten Mal wurde ihm bewusst, dass eine Entscheidung, die man nur mit dem Herzen getroffen hatte, selten endgültig war.

Als Elisabeth vom Fluss zurückkam, fand sie David auf dem Bauch liegend, den Kopf in den Ellenbogen vergraben. Sie schlüpfte nass, wie sie war, in ihr Hemd, das Kleid warf sie über einen Ast. „Du solltest auch ins Wasser springen“, sagte sie. „Aber gib Acht, dass du nicht in die Strömung kommst.“

Gehorsam rappelte sich David auf, streifte die Schuhe von den Füßen, zog sich das Hemd über den Kopf und ging zum Fluss. Das Wasser war so kalt, dass er bald zu frösteln begann, aber als er wieder ans Ufer kletterte, fühlte er sich wunderbar erfrischt.

Er warf sich sein Hemd über und ließ sich von Elisabeth den Krug geben. Nachdem er einen tiefen Zug genommen hatte, reichte sie ihm ein dickes Stück Brot mit geräuchertem Fleisch. „Danke, aber das Fleisch nicht“, sagte er und setzte sich neben sie auf den Mantel, den sie ausgebreitet hatte.

„Ach, das hab ich ganz vergessen“, sagte sie ohne Bedauern und schob sich das Stück selber in den Mund. „Du kannst dafür ein paar Pflaumen mehr haben“, fügte sie kauend hinzu. David winkte ab und biss hungrig in das Brot. Abwechselnd schlürften sie das Bier aus dem Krug und lachten, wenn wieder etwas überschwappte.

Es war heiß und still, die Luft roch nach Sommer und trockenen Blüten. Elisabeth hatte ihr Hemd bis über die

Schenkel nach oben gestreift, und immer, wenn er sich ein bisschen bewegte, berührte er sie und spürte ihre warme, glatte Haut.

Schweigend aßen und tranken sie eine Weile, bis Elisabeth plötzlich sagte: „Besonders abgekühlt scheint dich das Wasser ja nicht zu haben." Ihre Stimme hatte dabei den spöttischen Unterton, den er inzwischen so gut kannte.

Entsetzt sah David an sich herunter. Gerechter Gott, er hatte nur das dünne Hemd an, und es war mehr als deutlich zu erkennen, dass er nicht bloß auf Brot Hunger hatte!

Hastig griff er nach seinem Rucksack und legte ihn sich über die Beine. Dann setzte er sich kerzengerade hin, sorgsam darauf bedacht, Elisabeth nicht mehr zu berühren. Sie schien das zu bemerken, denn sie rückte ein Stück von ihm ab und legte ein paar Hände voll getrockneter Pflaumen zwischen sie.

Eine lange Zeit verging, in der sie, ohne ein Wort zu wechseln, auf den ruhig dahinströmenden Fluss blickten. Ab und zu schob einer von ihnen eine der süßen Früchte in den Mund, kaute darauf herum und spuckte den Kern in die Brennnesseln.

David versuchte mit aller Macht, nicht an das halb nackte Mädchen neben sich zu denken, nicht daran, wie seine Hände die dunklen Locken und die weiche Haut streichelten. Es wollte ihm nicht gelingen, bis ihm Josua einfiel, der starke Josua mit dem Spatzenhirn, und sein Gewissen sich zu regen begann.

Mit der Suche nach dem falschen Pilger hatte er ihn beauftragt und ihm auch noch die Sorge um ihn, den Sohn seines Herrn, aufgebürdet, für dessen Wohlergehen er verantwortlich war. Armer Josua! Eins von den beiden Problemen, die er zu bewältigen hatte, war doch schon zu viel für ihn! David hoffte nur, dass er nicht immer noch, beharrlich fragend, in der verkehrten Richtung nach dem falschen Pilger suchte, sondern sicher nach Hause zurückgekehrt war und das Donnerwetter seines Herrn inzwischen überstanden hatte.

David dachte auch an das Buch, das der Grund für seine Reise war. Ob die Aufgabe, mit der ihn sein Großvater betraut hatte, sinnvoll war? Überall im Land herrschte der schwarze Tod, machte die Menschen furchtsam und gewalttätig wie geprügelte Hunde, schürte ihre Abneigung gegen alle, die nicht zu ihnen gehörten. Dagegen sollten ein paar beschriebene Pergamentblätter helfen? David mochte es fast nicht glauben, auch wenn er immer noch fest entschlossen war, seinen Auftrag zu erfüllen.

Als ob sie seine Gedanken erraten hätte, sagte Elisabeth plötzlich in die Stille hinein: „Lies mir aus deinem Buch vor!“

Er griff in den Rucksack, holte sein Gewand heraus, nestelte die Teile des Buchs aus der Tasche und hielt sie ihr hin. „Da, lies selber“, sagte er und wunderte sich, als sie keine Anstalten machte danach zu greifen. „Was ist?“, fragte er. „Willst du nicht?“

Sie schaute ihn mit dem spöttischen Lächeln an, das er so gern mochte, das ihn aber auch aufbrachte, weil er sich ihr gegenüber dann immer wie ein kleiner Junge vorkam.

„Wo soll eine Fischerstochter lesen gelernt haben?“, fragte sie. „Und außerdem: Hast du nicht erzählt, dass es auf Lateinisch geschrieben ist?“

O ja, sie hatte Recht ihn auszulachen! Er war ein Dummkopf! „Das hab ich völlig vergessen“, begann er kleinlaut. „Und ich kann zwar lesen, aber mit meinem Latein ist es nicht weit her. Richtig übersetzen kann ich das Buch nicht. Ich weiß nur, dass ein Arzt aus meinem Volk, der vor langer Zeit gelebt hat, darin beschreibt, was man gegen die Pest tun kann. Das hab ich dir aber schon erzählt, erinnerst du dich nicht?“

Elisabeth ging nicht auf seine Frage ein. „Man kann nichts gegen die Pest tun“, sagte sie stattdessen. „Der klügste Arzt kann das nicht.“ Sie riss einen Zweig von der Weide, unter der sie saßen. „Schau her!“ Sie brach ihn in kleine Stückchen. „Knack, knack, knack, knack! Kann der Zweig was dagegen tun, dass ich ihn breche?“ Sie riss einen zweiten ab und warf ihn fort. „Kann er was dagegen tun, dass ich ihn in den Dreck werfe? Er kann grün und gesund sein, wie er will, er kann gar nichts tun. Bald ist er dürr, irgendwann zerfällt er. Und nichts erinnert daran, dass es ihn gegeben hat.“ Abrupt stand sie auf. „Wir können noch ein schönes Stück schaffen heute. Hast du noch Durst?“

Als David den Kopf schüttelte, goss sie das restliche Bier ins Gras und schleuderte den Krug in hohem Bogen in den Fluss. Er wurde ein kleines Stück von der Strömung mitgezogen, dann schlug er um und füllte sich mit Wasser. Gleich darauf war nichts mehr von ihm zu sehen. David wollte etwas sagen, aber als er den spöttischen Ausdruck in Elisabeths Gesicht bemerkte, war er still.

Den Rest des Tages marschierten sie nebeneinander her ohne viel zu reden. Als die Sonne sank, breiteten sie ein paar hundert Schritt abseits von der Straße Davids Mantel in das hohe Gras, zogen ihre warmen Kleider an und legten sich nieder, die Köpfe auf die Rucksäcke gebettet.

„Gute Nacht, David“, sagte Elisabeth. „Sei nicht traurig, aber mit einem Buch kann man Gottes Willen nicht ändern. Mit nichts kann man das. Was wir sind, was mit uns geschieht, wie wir sterben – wir können nichts dran ändern.“ Sie schloss die Augen und drehte sich auf die Seite.

„Gute Nacht“, erwiderte David kurz. Er hätte gern noch etwas gesagt, etwas Versöhnliches, das die Missstimmung des Tages ausgeglichen hätte, doch er fand nicht die richtigen Worte. Also rollte auch er sich zusammen und überließ sich seinen Gedanken.

Lange grübelte er über das nach, was Elisabeth gesagt hatte. Sie hat Unrecht, dachte er wütend. Ich bin kein Stück Holz, das man einfach brechen kann. Ich bin ein Mensch, ich habe Hände, Füße und Verstand. Ich bin auf die Welt gekommen, bin gewachsen, ich hab den Männern zugehört, bin in die Synagoge gegangen, hab gelernt – ist das alles für nichts gewesen?

Er fasste in den Rucksack unter seinem Kopf. Als er das feste, kühle Pergament des Buchs berührte, wurde er ruhiger. Er lauschte noch eine Weile dem Zirpen der Grillen, dann verschmolzen seine Gedanken, der Duft des Grases, die Geräusche der Nacht zu einer Reihe von Traumbildern und er schlief ein.

Mitten in der Nacht wachte er auf. Der Mond war zu einer schmalen Sichel geschrumpft, aber die Sterne leuchteten so hell, dass es nicht wirklich dunkel war. David richtete sich leise auf.

Unwillkürlich blickte er auf die junge Frau, die neben ihm lag. Sie schlief. Die Knie hatte sie angezogen und die Arme um die Schultern geschlungen, so wie die kleinen Kinder es immer tun.

Zaghaft strich ihr David über die Wangen. Er stellte sich vor, was sein Vater sagen würde, wenn er sie mit heimbrächte und verkündete: „Die will ich zur Frau haben."

„Ist sie eine Jüdin?", würde er als Erstes fragen.

„Nein, eine Christin."

„Gott helfe dir! Bist du meschugge, mein Sohn? Was ist ihr Vater?"

„Er ist Fischer, glaub ich."

„Und warum ist sie nicht bei ihm und heiratet einen Fischer, wie es sich gehört?"

„Ihr Vater hat sie verstoßen, als ein paar Burschen ihr die Ehre geraubt haben."

„Gerechter Gott! Und was macht sie jetzt?"

„Jetzt ist sie eine Hure."

„Herr, o Herr, erspare mir die Schande! Mein Sohn schleppt mir eine Christin ins Haus! Aber ist es damit genug? Nein, sie ist auch noch eine Hure!"

„Vater, was zählt das alles in den Zeiten der Pest? In einer Woche können wir alle tot sein!"

„Was hat das mit der Pest zu tun, was du mir antust? Stirbt sie an der Pest, sterben wir an der Pest, so ist es Gottes Wille. Sterben wir aber nicht und stirbt sie nicht, ist die

Pest vorüber und die Hure ist noch da. Kannst du dir die Schande ausdenken?"

Nein, es würde nicht gut gehen.

Er beugte sich zu Elisabeth hinunter und küsste sie sanft auf die Wange. „Juden und Christen können nicht zusammenkommen", sagte er leise. Er legte sich zurück und war bald wieder eingeschlafen.

Elisabeth lauschte seinen regelmäßigen Atemzügen. Sie war längst aufgewacht und hatte seinen Kuss gespürt und seine Worte gehört.

Wir können nie zusammenkommen, dachte sie traurig. Da hast du ganz Recht, mein kleiner David. Aber nicht bloß deshalb, weil wir Jude und Christin sind. Wir haben nur ein ganz kleines Stückchen Weg gemeinsam. Wenn dich die Pest verschont, dann gehst du dahin, wo du geliebt wirst und wo du hingehörst. Wenn nicht, dann werden sie um dich trauern und sich an dich erinnern. Ich gehöre nirgendwohin. Ganz gleich, in welche Richtung ich gehe, niemand wird es bemerken. Und wenn ich an der Pest sterbe, dann wird es sein, als ob ich nie gelebt hätte.

Ein Bild entstand in ihr, das sie nicht mehr loswurde, bis sie endlich einschlief: Das Bild von drei Männern am Galgen, die nicht einmal mehr ein Gesicht hatten.

# 12

Dreizehn Tage waren seit Davids Aufbruch aus Basel vergangen, als er und Elisabeth sich ihrem Ziel näherten. Die Straße wurde besser; sie war jetzt befestigt und weiter vom Fluss entfernt. Anstelle der Wälder und Wiesen erstreckten sich Felder und Weingärten über große Flächen und kündeten vom Reichtum der Stadt.

Doch kaum eine Menschenseele begegnete den beiden, die breite Straße war verlassen wie ein Waldweg. Nur einmal kam ihnen ein Reiter in scharfem Trab entgegen. Als er sie erreicht hatte, hielt er an.

Er war noch jung. Seine ausgesucht elegante Kleidung und das teure Pferd, das er ritt, verrieten, dass er wohl einer reichen Patrizierfamilie entstammte.

„Wohin wollt ihr?", fragte er hastig und ohne zu grüßen.

Elisabeth war nahe daran, ihm eine schnippische Antwort zu geben, aber der sorgenvolle Ausdruck in seinem Gesicht hielt sie davon ab.

„Nach Mainz, warum fragt Ihr?", gab sie deshalb zurück.

„Beim seligen Rochus, geht nicht nach Mainz!", stieß der Reiter hervor. „Der schwarze Tod ist in der Stadt; er wütet, wie noch nie eine Seuche dort gewütet hat!"

„Der schwarze Tod wütet überall", erwiderte Elisabeth gleichmütig. „Dort, wohin Ihr reitet, ist er schon längst."

„Das glaub ich", nickte der junge Mann. „Es gibt etliche, die sind nach Norden gezogen um ihm so vielleicht zu entkommen. Aber ich muss nach Süden. Mein Vater ist geschäftlich nach Straßburg gereist. Ich will ihm entgegenreiten und ihn warnen, damit er nicht nach Hause zurückkehrt. Denn in Mainz ..." Er hielt inne und senkte den Kopf. „Meine Mutter und zwei unserer Gehilfen sind schon gestorben." Er griff in die Zügel. „Geht nicht nach Mainz, dort gibt's wenig zu gewinnen, aber alles zu verlieren", rief er und ritt eilig davon.

„Du hast es gehört", meinte Elisabeth. „Ich glaube, er hat Recht. In der Stadt sind so viele Menschen, dass man den Kranken kaum ausweichen kann. Warum willst du dich wegen ein paar voll gekritzelter Seiten in Gefahr begeben, von denen niemand weiß, ob sie irgendeinen Nutzen haben?"

Einen winzigen Augenblick lang überlegte David, dann schüttelte er energisch den Kopf. „Ich hab einen Auftrag", sagte er, „und ich hab versprochen, dass ich ihn ausführe. Ich geh nach Mainz."

Er zögerte. „Aber du – warum willst du das Risiko eingehen? Du könntest vielleicht ..." Er verstummte ratlos.

„Was könnte ich vielleicht?", fragte Elisabeth ironisch. „Wie oft muss ich dir's noch sagen, bis du es begreifst: Ich habe keinen Platz, wohin ich gehen kann."

„Du könntest hier in der Nähe warten."

„Warten worauf?"

„Bis ich zurückkomme."

„Kommst du denn zurück?"

Sie ging einfach weiter und David blieb nichts übrig als ihr zu folgen.

Der Strom war breiter geworden. Strudel wirbelten das Wasser auf und machten es trübe. Das jenseitige Ufer wurde flacher und verschwand schließlich unter den Fluten eines zweiten großen Flusses, der sich in den Rhein ergoss. Zum Greifen nah ragten die Mauern und Türme von Mainz vor den beiden Reisenden empor.

Jetzt waren auch Menschen da, fahrende Leute, die zwischen ihrer wenigen Habe lagerten. Manche hatten Decken oder Umhänge ausgespannt, unter denen sie Schutz vor der sengenden Sonne fanden, andere saßen am Ufer und ließen die Füße ins Wasser baumeln.

Als David und Elisabeth an ihnen vorbeiliefen, scholl ihnen lautes Rufen entgegen.

„Ihr da, lasst euch nieder, ihr schaut aus, als ob ihr was zu essen dabei hättet."

„He, Mädchen, wenn du den Rock hebst, sag ich dir die Zukunft voraus!"

„Hab Mitleid! Sie lassen uns nicht zu den Huren in die Stadt!"

„Lasst euer Geld da! Wenn euch die Pest holt, braucht ihr es sowieso nicht mehr!"

Sie achteten nicht auf die Schreier, sondern machten, dass sie an ihnen vorbeikamen.

Die Straße schlängelte sich jetzt an einem kleinen Bach entlang, der sich sein Bett neben dem des Rheins gegraben hatte. Sie führte durch Obst- und Gemüsegärten an einem

Hospital vorbei und mündete schließlich an einer Pforte, deren Flügel weit offen standen. Sie waren am Ziel.

Ein schwer bewaffneter Wächter trat ihnen in den Weg und musterte sie von Kopf bis Fuß. „Seid ihr Mainzer Bürger?", fragte er mürrisch. „Oder seid ihr bei einem Bürger oder in den Muntaten in Dienst?"

„Nein", begann David, weiter kam er nicht.

„Dann verschwindet!" Der Wächter machte auf dem Absatz kehrt.

„Warte!", rief David. „Wir müssen unbedingt in die Stadt! Du musst uns hineinlassen!"

Der Mann kam zurück und baute sich vor dem schmächtigen David auf. „So, muss ich das?", knurrte er. „Und warum muss ich das?"

„Wir suchen einen Arzt, der ..."

„Einen Arzt?" Der Wächter prallte zurück, als habe er einen heftigen Schlag erhalten.

„Bleibt mir vom Leib, verfluchtes Pack!", brüllte er und wollte sich abwenden, aber David fasste nach seinem Gürtel und hielt ihn zurück. „Wir sind gesund, du Dummkopf, lass uns endlich durch!"

„Soll ich dir das freche Maul zerschlagen?" Der Wächter griff nach Davids Hand und presste sie zusammen, bis der Junge stöhnend den Gürtel losließ.

„Den Rucksack", zischte Elisabeth, „gib mir den Rucksack!"

Er begriff nicht, was sie vorhatte, ließ aber gehorsam den Rucksack von den Schultern gleiten, während er gleichzeitig versuchte sich an dem Wächter vorbeizuschlängeln.

Der packte ihn nur nachlässig im Genick und hielt ihn von sich wie eine lästige Katze. Doch plötzlich ließ er ihn los; seine Augen glitzerten.

„Na, mein Freund“, sagte Elisabeth mit weicher Stimme, „gefällt dir, was du siehst?“

David wandte den Kopf. Die junge Frau hatte den Schnürverschluss ihres Kleides gelöst, ihre Brüste waren bis fast zu den Spitzen sichtbar.

Er erstarrte, als sie sich näher an den Wächter heranschob.

Der Mann leckte sich die Lippen und blies ihr seinen nach Fusel stinkenden Atem ins Gesicht. Als er jedoch die Hand ausstreckte, um sie zu berühren, trat Elisabeth schnell einen Schritt zurück.

Sie schnippte mit den Fingern, wie durch Zauberei steckte plötzlich ein Goldstück zwischen ihnen. „Das ist noch besser, wie?“, gurrte sie. „Es gehört dir. Du brauchst uns nur durchzulassen.“

Ein breites Grinsen erschien auf dem Gesicht des Wächters. „Du hast was Wichtiges in der Stadt zu erledigen, Mädchen? Dringende Geschäfte wahrscheinlich? Ihr könnt passieren“, sagte er, gab den Weg frei und steckte die Münze ein.

„Ist es schlimm mit der Pest?“, fragte Elisabeth leise.

Das Grinsen fiel vom Gesicht des Mannes wie das letzte Blatt an einem Baum. „Mit dem Geld kann ich ein paar Tage so viel saufen, dass ich nicht mehr viel mitkriege“, sagte er rau. „Und wenn ich selbst an die Reihe komm, macht mir der Schnaps das Krepieren leichter. Deshalb kriegst du einen guten Rat von mir, Mädchen: Verschwindet, rennt, bis ihr nicht mehr weiterkönnt. Hier drin ist die Hölle."

David schluckte und sah Elisabeth bittend an. Als sie nur leicht den Kopf schüttelte, drehte er sich wortlos um und ging durch den Torbogen hinein in die Stadt; sie folgte ihm.

„Ihr habt mir ein Goldstück gegeben, damit ich euch reinlasse", murmelte der Wächter. „Es wird nicht lang dauern, dann würdet ihr mir hundert geben, wenn ich euch nicht reingelassen hätte." Schwerfällig schlurfte er in seine Wachstube zurück.

Gleich hinter dem Tor gabelte sich die Straße: David blieb ratlos stehen. „Wie geht's jetzt weiter? Wo wohnt Abraham ben Meir? Am besten, wir fragen uns zum Judenviertel durch. Wenn er dort nicht wohnt, kann uns bestimmt jemand sagen, wo sonst."

Er verzog angewidert das Gesicht. „Riechst du das?"

Elisabeth nickte. Ein widerlicher Gestank hing über der Stadt. Nicht der Geruch nach Abfällen und Mist, der einem in die Nase drang, wenn man über den Markt schlenderte, nicht der nach Exkrementen und menschlichen und tierischen Ausdünstungen, der in den Gassen zwischen den aneinander gebauten Häusern waberte. Auch nicht der des Gerberviertels, der so beißend und ekelhaft war, dass er Brechreiz erregte. Dieser war anders, süßlich und faulig, so stark, dass man ihn auf der Zunge schmeckte, der Gestank verwesenden Fleischs, durchzogen mit dem betäubenden Dunst von Weihrauch und Kräutern und dem scharfen, bitteren Aroma von erkalteter Asche. Er umhüllte sie wie ein unsichtbares schweres Tuch und erfüllte sie mit Schrecken.

„Der Gestank des schwarzen Todes“, flüsterte Elisabeth und schauderte, als ob ihr trotz der Hitze kalt wäre. „Ich habe Angst.“

„Ich auch.“ David legte ihr die Hände auf die Schultern. „Bitte geh!“, sagte er eindringlich.

Das Mädchen zog ihn an sich und legte ihr Gesicht an seins. „Nur, wenn du mitkommst.“

David biss sich auf die Lippen. Er dachte an die Nächte am Fluss, in denen die Luft nach Erde und Kräutern duftete und das Wasser wie eine frisch gefangene Forelle. Vielleicht hatte der schwarze Tod da draußen doch weniger Macht. Die Sehnsucht danach, mit Elisabeth wieder am Flussufer im weichen Gras zu liegen, weit weg von anderen Menschen und vom Gestank der Pest, wurde so groß, dass er fast ihre Hand genommen und mit ihr durch das Tor hinausgelaufen wäre. Nur der alte Aaron hinderte ihn daran. Auf einmal glaubte er ihn vor sich zu sehen und ihn mit fester Stimme sagen zu hören: „Wenn der Arzt mit diesem Buch Gesunde schützen und Kranke heilen kann, dann wird er auch das Leben vieler Juden retten.“

„Versteh mich doch!“ David drückte das Mädchen an sich. „Ich kann nicht!“

Elisabeth schob ihn von sich, so dass sie ihm in die Augen blicken konnte. „Ich versteh dich ja“, sagte sie und versuchte zu lächeln. „Ein kleines Stück Weg gehen wir zusammen, und das ist noch nicht zu Ende – so oder so. Also musst du mich schon mitnehmen. Schau, da vorn ist jemand, den wir fragen können.“

Wirklich kam eine Frau auf sie zu, den Kopf mit einer

Haube bedeckt, den Leib in ein langes dunkles Gewand gehüllt. Hand in Hand liefen die beiden ihr entgegen. „Verzeiht", rief David, „könnt Ihr uns den Weg zum Judenviertel zeigen?"

Die Frau blieb vor ihnen stehen und bekreuzigte sich. „Gewaltige Erdbeben werden kommen und Hungersnöte, und die Pest wird über die Menschen herfallen, und schreckliche Zeichen werden am Himmel zu sehen sein." Ihre Miene war versteinert, ihre Stimme ausdruckslos, als ob sie gar nicht verstünde, was sie redete.

„Den Weg zum Judenviertel", drängte David.

„Der Engel goss seine Schale aus in das Meer, es war wie das Blut eines Toten und alle lebenden Seelen starben in dem Meer ..."

David wollte sie wütend anfahren, aber Elisabeth legte warnend einen Finger auf die Lippen. Sie schlang einen Arm um die Hüfte der Frau und strich ihr sanft über das Gesicht. „Es ist ja gut", sagte sie so, wie man zu einem Kind spricht. „Du hast Schreckliches hinter dir, ich weiß es ja."

Plötzlich presste die Frau ihr Gesicht an die Schulter des Mädchens; so verharrte sie einige Augenblicke reglos, dann machte sie sich frei und fragte ruhig: „Was wollt ihr von mir?"

„Wir möchten wissen, wie wir ins Viertel der Juden kommen", entgegnete Elisabeth.

„Es ist keine gute Zeit, dorthin zu gehen."

„Sag es uns nur!"

„Bleibt auf der rechten Straße, lasst die Kapelle des heiligen Sebastian links liegen und geht weiter, bis ihr auf einen

Platz kommt, von dem aus ihr den Dom rechts vor euch liegen seht. Den müsst ihr umrunden, es gibt nur kleine Gassen da. Behaltet aber die Richtung bei, auf der anderen Seite des Doms geht die Straße weiter. Sie führt euch direkt ins Judenviertel, unmittelbar hinter der Kirche des heiligen Quintin beginnt es."

„Kannst du uns vielleicht auch sagen, wo der Arzt Abraham ben Meir wohnt?", wollte David wissen.

„Das kann ich – wenn er nicht sein Haus schon für eine Grube auf dem Pestacker eingetauscht hat. Links von der Synagoge stehen drei oder vier schmale Häuser, dann kommt eines, das fast doppelt so breit ist. Das ist Abrahams Haus. Gott schütze euch."

Die Frau entfernte sich rasch, aber in die Richtung, aus der sie gekommen war. Es schien, als hätte sie es eilig, an ein Ziel zu gelangen, das es nicht gab.

Langsam und bedrückt machten sich die beiden auf den Weg.

Je weiter sie zum Herzen der Stadt vordrangen, umso mehr belebte sich die Straße. Doch es war nicht das geschäftige Hin und Her von Frauen, die ihre Besorgungen machten, der zügige Gang von Kaufleuten, denen ihre Zeit kostbar war, nicht der Trab von Boten, die Nachrichten oder Waren überbrachten. Kaum jemand schien seiner normalen Arbeit nachzugehen.

Manche schlenderten in sich versunken vor sich hin, hoben den Kopf nicht und machten sich nicht einmal die Mühe, einem Unrathaufen auszuweichen, der ihnen vor die Füße geriet.

Andere torkelten grölend, Krüge und Flaschen schwingend von einer Straßenseite auf die andere oder heulten und kicherten gleichzeitig wie Besessene.

Bei einem der prächtigen Häuser, die die Straße säumten, war die Tür aus den Angeln gebrochen. Mehrere Männer traten heraus, bepackt mit Geschirr, silbernem Tafelzierat, Leintüchern und Kleidern; zwei schleppten gar eine schwere Truhe, auf deren Deckel sich Lebensmittel und kostbare Tischwäsche stapelten. Niemand beachtete sie, ungehindert konnten sie mit ihrer Beute abziehen.

Nicht weit davon hatten sich Männer und Frauen in vornehmen Gewändern mitten auf der Straße um eine lange Tafel versammelt und aßen und tranken. Sie unterhielten sich laut und fröhlich; keiner würdigte die beiden Fremden eines Blickes, die an ihnen vorübertrotteten.

Auch auf die vier Männer achteten sie nicht, die trotz der Hitze in bodenlange Kutten gehüllt und mit Masken vor dem Gesicht an der ausgelassenen Gesellschaft vorbeischritten.

„Pass auf!" In panischer Furcht zerrte David Elisabeth mit sich und drückte sich mit ihr an eine Hauswand. Die Männer trugen eine Bahre, auf der zwei Leichen lagen, mit baumelnden Armen, die Augen weit offen, die Münder aufgerissen wie zu einem Schrei, den auszustoßen ihre Kraft nicht mehr gereicht hatte.

„Schnell!" Kaum waren die Männer vorüber, nahm David Elisabeth bei der Hand und verfiel in Laufschritt. Linker Hand tauchte eine kleine Kapelle auf. „Das könnte St. Sebastian sein! Wir sind richtig!" Sie hasteten weiter, bis die Straße in einem kleinen Platz endete. Vor ihnen lag wuchtig und kantig der mächtige Dom.

Sie überquerten den Platz und gelangten zu einem breiten, überdachten Gang, in dem Laden an Laden, Werkstatt an Werkstatt lag. Fast alle waren geschlossen, nur ein Schuster hockte in seinem Vorbau und schnitt unverdrossen Sohlen zu, ein Silberschmied breitete fahrig seine Ketten und Reifen in immer neuen Kombinationen auf dem samtbezogenen Tresen aus.

Am Ende des Gangs kamen sie nicht weiter; eine Mauer, die von einem hohen Turm überragt wurde, versperrte ihnen den Weg. Also zurück! Sie liefen vorbei an den verrammelten Läden, an Schuster und Silberschmied, an der Flanke des Doms entlang und bogen in eine schmale Gasse ein.

Hitze und Gestank wurden unerträglich. Zwischen den hohen, schmalen Häuserfronten war das Licht trübe, nur die Dächer glitzerten im Sonnenlicht. Unwillkürlich wurden sie langsamer, setzten vorsichtig Fuß vor Fuß, wichen faulenden Abfallhaufen und achtlos hingeworfenen Kleiderbündeln aus.

Überall waren Ratten. Sie huschten hin und her oder schleppten sich wie mit letzter Kraft durch den Dreck; viele streckten mit noch zuckenden Schnauzen oder schon reglos alle viere von sich. Vor einem Haus lag ein Toter, das Gesicht im Staub. Vielleicht war er vor Schwäche gestürzt, vielleicht war er aber auch hastig hinausgeworfen worden wie ekelhafter, giftiger Abfall. Eilig drückten sich die Reisenden an ihm vorbei.

Die Türen fast aller Häuser und Werkstätten standen

weit offen, ohne dass ein Menschen zu sehen war. Ab und zu drangen leises Stöhnen, murmelndes Beten oder qualvolles Husten und Röcheln hinaus auf die Gasse.

„Es ist wirklich die Hölle", flüsterte Elisabeth und bekreuzigte sich hastig. „Hörst du das Jammern der verdammten Seelen?"

David fasste ihre Hand fester, wollte die junge Frau beschützen und suchte doch selbst Schutz bei ihr.

Der Weg durch die verwinkelten Gassen und Pfade schien endlos. Sie konzentrierten sich darauf, die Orientierung nicht zu verlieren und alles, was sie sahen und hörten, nicht in ihr Inneres gelangen zu lassen.

Dennoch atmeten sie erleichtert auf, als sie aus einem schmalen Durchlass auf einen Platz gelangten. Es wurde wieder Tag. David deutete auf die gegenüberliegende Seite: „Da ist die Straße wieder. Wir haben's bald hinter uns."

„Gott und allen seinen Heiligen sei Dank!", erwiderte die junge Frau. „Lieber lauf ich mit dir den ganzen Rhein zweimal auf und ab, bevor ich noch einmal durch diese Gassen geh!" Sie hängte sich bei ihm ein. „Ich bin gespannt, was dein Wunderdoktor mit deinem Wunderbuch anfangen kann!"

„Du hältst meine Reise für sinnlos, stimmt's? Du hältst meinen Großvater für einen Spinner, weil er geglaubt hat, dass man mit diesem kleinen Buch da", er klopfte auf sein Gewand, in dessen Innentasche das Buch wieder ruhte, „so viel erreichen kann. Dass man damit die Seuche bekämpfen und den Frieden zwischen Juden und Gojim bewahren kann."

Elisabeth überlegte noch, was sie ihm antworten sollte ohne seinen Zorn herauszufordern oder ihn zu verletzen, als er leise fragte: „Warum bist du dann mitgekommen?“

„Deinetwegen natürlich, hast du das immer noch nicht gemerkt, du Dummkopf?“, wollte sie sagen, doch sie brachte es nicht heraus. So meinte sie nur: „Wohin hätte ich sonst gehen sollen?“

Er wollte etwas entgegnen, doch sie blieb plötzlich stehen und lauschte angestrengt. „Sei einen Moment still!“, bat sie. „Hörst du das?“

Ja, David hörte es. Es kam genau aus der Richtung, die sie eingeschlagen hatten. Ein Gewirr von Lauten: Schreien, Rufen, Beten und Kreischen, dazwischen der dumpf hallende Gesang unzähliger Männerstimmen. Jetzt, da sie es einmal wahrgenommen hatten, schien es sehr laut zu sein und bedrohlich wie die Stille in den Gassen.

„Was da wohl los ist?“ Elisabeth lief ein Stück weiter, merkte aber bald, dass David nicht mitkam, und drehte sich um. Er hatte sich nicht von der Stelle gerührt.

Sie ging zu ihm zurück und sah, dass er unter seiner Sonnenbräune blass war und dass ein feiner Schweißfilm seine Stirn bedeckte.

„Was hast du, um Gottes willen?“, rief sie erschrocken. „Bist du krank?“

Er versuchte zu lachen, aber er brachte nur ein klägliches Grinsen zustande. „Du kannst ganz beruhigt sein. Es ist nicht der schwarze Tod. Noch nicht. Die Wahrheit ist ...“.

Elisabeth nickte. „Es sind die Menschen, oder? Die Menschen da vorn machen dir Angst.“

„Ja. Ich habe so was Ähnliches schon mal gehört, in Basel. Eines Abends hat man ein Kind gefunden, tot und grausam verstümmelt, und zwei Tage später noch eins. Da haben sich auch Unzählige zusammengerottet und gebetet und geschrien und gesungen. Und dann haben sie sich auf dem Marktplatz ein paar Juden gegriffen und haben sie zu Tode geprügelt. Kindsmörder seien sie, haben sie gesagt, wie alle Juden." Er schüttelte sich. „Es nutzt ja nichts, wir müssen an ihnen vorbei. Wahrscheinlich bemerken sie uns gar nicht."

„Und außerdem", ergänzte Elisabeth beruhigend, „sieht dir ja niemand an, wer du bist."

Davids Gesicht verschloss sich und er marschierte trotzig drauflos. „Jeder darf sehen, wer ich bin!", sagte er wütend. „Ich will gar nichts anderes sein als ein Jude."

Elisabeth lächelte kaum merklich. Er ist noch ein richtiges Kind, dachte sie und folgte ihm langsam.

Die Straße machte eine Biegung; plötzlich ragte wie ein gewaltiger Felsen die Quintinskirche aus dem Häusermeer empor. Menschen füllten den ganzen Platz und drängten sich im Portal, Menschen, die weinten, flehten, ihre Ängste und ihre Bußfertigkeit hinausschrien. Sie stampften mit den Füßen auf den Boden, rauften sich die Haare, zerrissen ihre Kleider. Viele schlugen mit Peitschen auf sich ein und trafen dabei die, die vor oder neben ihnen standen. Und sie wurden ebenso von denen getroffen, die sich hinter ihnen befanden. Niemand schien sich daran zu stören, die Menge stampfte, geißelte sich und betete wie ein einziges vielgliedriges Wesen mit unzähligen Stimmen.

David war in einiger Entfernung stehen geblieben und beobachtete die Szene mit einer Mischung aus Furcht und Unverständnis. Niemals würden Juden so vor Gott alle Schranken fallen lassen. Gott so zu nötigen versuchen wie ein hysterisch plärrendes Kind seine Eltern. Oh, er war froh, nicht zu ihnen zu gehören! Seine Verachtung half ihm die Angst zu überwinden.

Elisabeth war neben ihn getreten. „Du musst sie verstehen. Sie haben nichts ..."

„Ich will sie nicht verstehen", unterbrach David sie barsch. „Sie haben nichts mit mir gemeinsam."

„Ich auch nicht?", fragte sie.

„Mir ist heiß und ich bin müde", sagte er statt einer Antwort. „Komm, das letzte Stückchen noch."

Sie umrundeten die Menge, die jetzt still geworden war. Deutlich war aus der Kirche der Gesang zu vernehmen, den sie schon vorhin gehört hatten. Die Menge schien zu lauschen, Worte und Melodie in sich aufzunehmen. Einzelne Stimmen fielen zaghaft ein, es wurden mehr und mehr, bis ein tausendstimmiger Chor über den Platz dröhnte:

*O Herr, wir schrein mit lautem Ton:*
*Nimm unsern Dienst als deinen Lohn!*
*Behüt uns vor dem Höllentod,*
*so bitten wir in unsrer Not!*
*Für dich ist unser Blut geflossen,*
*so wie du deines hast vergossen!*

„Noch ist es euer Blut, das ihr vergießt", sagte David

halblaut, während sie den Platz hinter sich ließen, und dachte an den alten Aaron. „Gott, hilf, dass es so bleibt!"

Gleich darauf trafen sie auf die Synagoge und standen bald vor dem gesuchten Haus.

David grüßte ehrerbietig die *mesusa*, die neben der Tür befestigt war.

„Wir haben es geschafft", verkündete er. „Es ist noch lang vor Sonnenuntergang. Morgen ist *shabat.* Am Tag vor dem *shabat* muss ein Jude vor Sonnenuntergang ein Haus erreicht haben, in dem er bleiben kann."

Er war wie verwandelt und wirkte erleichtert, fast aufgekratzt.

Elisabeth seufzte innerlich. Wirklich, du bist noch ein richtiges Kind. Als ob du mit dieser Tür den schwarzen Tod aussperren könntest oder eine tobende Menschenmenge. Schweigend sah sie zu, wie er den Rucksack von den Schultern nahm und erwartungsvoll klopfte.

Im ersten Stock öffnete sich ein Laden und eine scharfe Männerstimme rief heraus: „Was gibt es?"

„Ich bin David aus Basel und komme im Auftrag meines Großvaters Aaron zu dem gelehrten Arzt Abraham ben Meir um ihn wegen der Pest um Rat zu fragen."

„Aus Basel?" Die Stimme wirkte erheitert. „Ein weiter Weg, um einen Arzt zu besuchen, der angesichts dieser Seuche so hilflos ist wie ein Kind! Von meinem Freund Aaron kommst du? Ich wusste gar nicht, dass er einen Enkel hat, der schon fast ein Mann ist. Wie geht es ihm?"

„Er ist tot."

Für einen Augenblick herrschte Schweigen, dann sagte

die Stimme: „Gedulde dich einen Augenblick, ich bin gleich unten."

Das Poltern von Schritten war zu hören, die Tür öffnete sich. Ein großer, hagerer Mann mit langem grauen Bart stand vor ihnen.

„Ich bin Abraham", sagte er. Dann bemerkte er Elisabeth, die sich hinter David gehalten hatte. „Wer ist sie?", fragte er kurz und ein wenig abschätzig.

„Ich habe sie unterwegs getroffen. Sie hat mir geholfen ... Sie hat mir das Leben gerettet."

Der Arzt überlegte und musterte sie mit klugen Augen, die so grau wie sein Bart waren. Dann nickte er. „Tretet ein!"

# 13

Auf dem Weg nach Mainz wurde die Zahl der Geißler ständig größer. Mehrere hundert Männer waren es inzwischen, die singend und betend die Straße entlangzogen. Die Aufnahmeprüfung war nicht mehr so streng, wie sie bei Thomas gewesen war. Wenn einer vor dem Meister beteuerte, dass er seine Sünden bereue und Gott dienen wolle, durfte er sich dem Zug anschließen.

Es waren zwielichtige Gestalten unter den Neuankömmlingen, das merkte Thomas bald. Er hörte kichernd erzählte lüsterne Witze, halblaute Gespräche über den sagenhaften Reichtum von Mainzer Bürgern, sah Dolche unter sich öffnenden Gewändern.

Er merkte wohl, dass der Meister bei manch einem zögerte ihn mitzunehmen, aber dann doch nachgab, wenn er bei den anderen Zustimmung bemerkte. Vielleicht fürchtete er an Einfluss zu verlieren, wenn er von seiner Autorität zu häufig Gebrauch machte.

Direkt vor den Toren von Mainz aber setzte er sich mit großer Strenge durch. Dort lagerte nämlich eine Truppe von fahrenden Leuten, ziemlich fragwürdiges Gesindel und nichts weniger als bußfertig.

Einer, der sich zu ihrem Sprecher machte, hatte neben einer Frau gelegen und eine Hand ungeniert unter ihrem Rock gehabt, vor aller Augen. Er forderte frech für sich und alle seine Begleiter die Aufnahme in den Zug, und zwar mit den Frauen, denn die seien schließlich genauso gottesfürchtig wie die Männer. Und für ihn, so schwor er, sei jede Frau genauso heilig und unberührbar wie die Muttergottes selbst. Dazu bekreuzigte er sich mit derselben Hand, die gerade eben sein Gelöbnis Lügen gestraft hatte.

Es gab viele unter den Neuen, die begeistert und mit hungrigen Augen „Nehmt sie mit!“ schrien, aber diesmal gab der alte Meister nicht nach. So eindringlich waren seine Warnungen vor der Lästerung Gottes und vor der Missachtung der göttlichen Gebote, so fürchterlich die Höllenstrafen, die er androhte, dass sich der Sprecher der fahrenden Leute schließlich mit einem gemurmelten Fluch abwandte und die anderen kleinlaut weitertrotteten.

Auf einen schroffen Befehl des Alten hin formierten sie sich gehorsam wieder zu Paaren. Sie begannen zu beten, und wer eine Geißel hatte, der schwang sie um die sündhaften Gedanken zu bannen. So erreichten sie die Grenze der Stadt.

Der Wächter am Tor, der gleich darauf die lange Reihe der betenden Männer erblickte, gab den Weg wortlos frei. Erst als die meisten schon in der Stadt waren, stürmte er an ihnen vorbei, bis er den Meister an der Spitze des Zugs erreichte, und hielt mit ihm Schritt.

„Könnt Ihr den schwarzen Tod besiegen?“, fragte er, das vierschrötige Gesicht von quälender Furcht gezeichnet.

„Zwei von meinen Kindern – sie leben noch. Jeden Tag können sie sich anstecken, denn ringsum in den Häusern gibt es fast nur noch Kranke und Sterbende. Könnt Ihr etwas tun?“

Der Alte legte ihm die Hand auf die Schulter. „Bereue deine Sünden, bete und vertrau auf Gott“, sagte er, „dann wird alles gut.“ Seine Stimme klang, als ob er sich seiner Sache völlig sicher wäre, und ließ im Herzen des Mannes neue Hoffnung aufkeimen.

Kaum waren die Geißler in der Stadt, strömten ihnen von allen Seiten die Menschen zu. Man nötigte sie zu essen und zu trinken, steckte ihnen Münzen zu, hielt ihnen Kreuze entgegen, damit sie sie küssten. Der Meister war bald von Männern und Frauen umringt, die drängelten und stießen, um ihn zu berühren und seinen Segen zu erbitten. Ihr Vertrauen in seine Kraft war so groß, dass sie für den Augenblick alle Furcht vor Ansteckung verloren hatten.

„Betet für uns!“ Irgendjemand rief es unaufhörlich, immer mehr fielen ein: „Betet für uns, betet für uns!“

Würdevoll hob der Alte beide Hände, bahnte sich einen Weg und schritt langsam voran, eine lange und immer länger werdende Prozession hinter sich, die sich mit ihm auf den Dom zu bewegte.

Die Flügel des Portals standen weit offen, doch kein Domherr oder sonstiger Würdenträger ließ sich blicken.

Der Meister trat ein und ging vor bis zum Altar des heiligen Martin, hinter ihm füllten sich das Hauptschiff und die Seitenschiffe bis auf den letzten Platz mit erwartungsvollen Menschen.

Der Meister winkte seine getreuesten Gefolgsleute hinter sich in den Chor; niemand nahm Anstoß, obwohl das der Platz war, der allein den Domherren vorbehalten war.

Dann begann der Meister zu predigen. Seine Stimme hallte durch den riesigen Raum, schien aus allen Richtungen gleichzeitig zu kommen, ergriff Besitz von allen, eine körperlose Macht aus Geist und Klang.

Die meisten verstanden wahrscheinlich gar nicht, was er sagte, weil sich Hall und Widerhall vermischten. Doch die Ehrfurcht gebietenden Gewölbe, der beschwörende, jeden Zweifel verbannende Tonfall des Alten und der durchdringende Duft des Weihrauchs vereinten sie in einem Rausch bedingungslosen Glaubens an Gottes Güte.

Auch Thomas, der dicht vor dem Altarraum in der Menge stand, wurde von diesem Gefühl ergriffen, für einen Augenblick glaubte er in der Stimme des Meisters Gott selbst zu hören.

Da überfiel ihn plötzlich die Erinnerung an den strahlenden Christus, der ihm am letzten Tag im Kloster im Traum erschienen war – ein Trugbild, eine leere Hoffnung. Schlagartig verflog der Zauber des Augenblicks, der letzten Tage, er fühlte sich betrogen wie damals.

Die göttliche Stimme wurde zum Geschrei eines eitlen alten Mannes, der Schweiß der Menschen neben ihm roch stärker als der Weihrauch, das Gewölbe über ihm kam ihm plump und unfertig vor. Und wieder, wie schon so oft, kamen ihm Zweifel, ob Gott das alles überhaupt zur Kenntnis nahm, ob seine Entscheidungen nicht schon längst und unwiderruflich gefallen waren.

Als der Meister geendet hatte, herrschte Schweigen, angespannte Stille wie vor dem ersten Donnerschlag eines Gewitters. Dann begann die Menge zu singen und zu beten, die Geißler sanken auf die Knie und schwangen ihre Peitschen.

Thomas machte es ihnen nach. Er schob sich aus dem Gedränge vor in den Altarraum und kniete nieder. Wuchtig führte er den ersten Schlag, den zweiten und dritten. Der vertraute Schmerz tat ihm fast wohl, denn er nahm so völlig Besitz von ihm, dass für Zweifel und Trauer kein Raum blieb. Zufriedenheit oder gar Glück empfand er jedoch nicht mehr.

Nach einer Weile hob der Meister noch einmal die Hände. Die Menge wurde ruhig, die Erregung verebbte.

„Geht jetzt!", befahl er. „Wir werden eure Kranken pflegen und eure Toten bestatten."

Die Leute gehorchten, in wenigen Minuten leerte sich die Kirche. Aus den zurückbleibenden Männern bildete der Alte Trupps, die in den Wohngebieten rund um den Dombezirk die Verstorbenen abtransportieren sollten.

„Denkt an euer Gelübde", mahnte er, „und habt keine Furcht. Ihr steht im Dienst Gottes – was soll euch da schon geschehen?"

Thomas stand mit seiner Gruppe vor dem Dom und dachte an den Medicus, der auch im Dienst Gottes gestanden hatte und doch elend zu Grunde gegangen war. Er hatte den Verdacht, dass so mancher seiner Kameraden lieber glühendes Eisen als einen Pesttoten berühren würde. Wirklich war auch seine Gruppe, noch ehe sie die ihr zugeteilten

Gassen erreicht hatten, von zwanzig auf acht zusammengeschmolzen. Auch die schienen zu zögern, so dass Thomas, obwohl er der Jüngste war, entschlossen die Führung übernahm.

Während sie auf das erste Haus zugingen, fragte er sich flüchtig, warum er keine Angst und keinen Ekel empfand. Ich habe den Tod zu oft gesehen, dachte er. Er betrat mit den anderen das erste Haus und sie begannen ihr grausiges Werk.

Es gab kaum ein Haus, in dem sie nicht wenigstens einen Toten oder Sterbenden vorfanden. Die Seuche war auf ihrem Höhepunkt, und der schwarze Tod verschonte keinen Stand, kein Alter und kein Geschlecht.

Thomas rieb den Kranken das Gesicht mit einem feuchten Tuch ab und gab ihnen zu trinken, die Leichen ließ er auf die Gasse schaffen. In einem der Häuser fand er einen großen Krug mit schmerzstillendem Sirup; den nahm er mit und flößte allen Erkrankten davon ein.

Er tat das alles, ohne dass es ihn berührte. Er sah Tote, deren Gesichter rosig waren, als ob sie noch lebten, und andere, auf denen die Verwesung schon ihre hässlichen Male hinterlassen hatte. Der Gestank von Eiter und Exkrementen stieg ihm in die Nase, er nahm ihn hin wie etwas, das zu seinem Alltag gehörte.

Er sah Männer sich vor Ekel erbrechen und hinaus ins Freie stürzen. Er sah, wie sich die Überlebenden von den Verstorbenen abwendeten. Sie fürchteten wohl, dass schon ein Blick genügte, die tödliche Krankheit auf sich zu ziehen. Er sah Kranke, die verzweifelt nach ihren Frauen oder

Männern, ihren Kindern oder ihren Eltern riefen, die längst das Weite gesucht hatten. Er sah Sterbende, die, verlassen von ihren Familien, dem Tod entgegendämmerten.

Das schien seine Bestimmung zu sein: alles Leben um sich herum vergehen zu sehen, die Leiber der Erde zu übergeben und selbst gesund zu bleiben, aller Wahrscheinlichkeit zum Trotz. Er hatte sich damit abgefunden.

Nur einmal verlor er die Fassung, als er zwei Kinder hinaustrug, zwei kleine Jungen, in deren Gesichtern er noch die Hitze des Fiebers spürte, als er sie an seine Schultern bettete. *Da mihi animam, cetera tolle!* Das war der Grundsatz, den der Abt im Kloster immer gepredigt und nach dem er gelebt hatte; der Leib ist nichts, was allein zählt, ist die Seele. Aber das konnte doch nicht sein, dass diese jungen Körper, diese wunderbaren Gebilde, die vor wenigen Tagen noch voller Lebenskraft gewesen waren, nur eine wertlose Hülle sein sollten!

Er drückte die Kinder an sich, wollte ihnen seine Wärme und seinen Herzschlag geben, betete um ein Wunder, von dem er doch wusste, dass es nicht geschehen würde. Als einer der Geißler, einer von des Meisters eifrigsten Gefolgsleuten, sie ihm von den Armen riss und achtlos auf einen bereitgestellten Karren fallen ließ, musste er sich beherrschen um nicht auf ihn einzuschlagen.

Als die Sonne fast untergegangen war, hatten sie ihre Arbeit vollbracht, Dutzende von Kranken notdürftig versorgt, zwei Karren voller Leichen vor die Stadt gefahren und begraben. Am folgenden Tag würden Gesunde krank und Kranke gestorben sein, dann würden sie wiederkommen.

Wenn sie fertig wären, so hatte der Meister befohlen, sollten sie zum Domplatz zurückkehren, also fanden sie sich dort ein. Die Spreu hatte sich vom Weizen getrennt, vielleicht sechzig oder siebzig Männer mochten es noch sein, die der Meister um sich versammelte.

Der Abend war warm, die gesunden Bewohner des Viertels hatten Decken, Lichter und Lebensmittel im Überfluss herangeschafft. Die Geißler ließen sich nieder, wo sie gerade standen, erschöpft von dem, was sie gesehen und getan hatten. Wer mochte, aß und trank sich satt, und als sich die Dunkelheit über die Stadt senkte, schliefen die meisten schon.

Am nächsten Morgen hatte der schwarze Tod seine Hand auch nach den Geißlern ausgestreckt. Einige der Männer waren so schwer erkrankt, dass sie nicht einmal aus eigener Kraft aufzustehen vermochten.

Als Thomas den Meister fragte: „Was geschieht mit ihnen?“, erhielt er keine Antwort. Der Alte lief nur sichtlich fassungslos von einem Kranken zum anderen und murmelte unverständliche Worte vor sich hin. Endlich schien er zu einer Entscheidung gekommen zu sein und winkte Thomas heran.

„Nimm dir ein paar von den Männern“, gebot er. „Siehst du das Haus da drüben, mit der Muttergottes über der Tür? Es steht leer, seine Bewohner sind tot. Da schaff sie hin!“

„Sie werden sterben“, sagte Thomas leise, „aber ein Arzt könnte ihre Leiden wenigstens lindern.“

Der Alte ließ müde die Schultern hängen. „Ein Arzt?“,

fragte er. „Wo, glaubst du, wirst du noch einen Arzt finden, der bereit ist sich um sie zu kümmern?“

Darauf gab es nichts zu erwidern. Deshalb begann Thomas sich Helfer zu suchen. Die meisten Männer stotterten eine Ausrede oder taten, als ob sie seine Bitte nicht gehört hätten. Sie hatten geglaubt vor der Krankheit sicher zu sein und waren es nicht. Wer konnte ihnen übel nehmen, dass sie den schwarzen Tod nicht herausfordern wollten?

Ein paar Mutige fand Thomas schließlich doch. Sie trugen die Kranken in das Haus, betteten sie so bequem wie möglich und holten ihnen frisches Wasser. Mehr konnten sie nicht tun, mehr wollten sie nicht tun; also kehrten sie auf den Platz zurück.

Thomas blieb allein bei den Kranken zurück. Ihre angstvollen Blicke folgten seinen Händen, während er sie untersuchte. Keiner hatte Geschwülste in den Leisten oder den Achseln, ihr Atem ging rasselnd und sie rangen nach Luft. Niemand konnte ihnen mehr helfen. Sie wussten es, sie lasen es in seinen Augen. Ihm fiel nichts Tröstliches ein, das er sagen konnte, darum wandte auch er sich ab und ging.

Unterdessen hatten sich, trotz der frühen Stunde, wieder viele Menschen auf dem Platz versammelt. Wie ein Lauffeuer hatte sich die Kunde verbreitet, dass auch die Geißler nicht von der Pest verschont geblieben waren. Stumm und hilflos starrte die Menge auf den Meister. Der Alte spürte, dass die Menschen im Begriff waren an ihm zu zweifeln. Er musste ihr Vertrauen wiedergewinnen, sonst waren sie alle verloren. Entschlossen sprang er auf einen Quader, der aus der Kirchenmauer herausragte.

„Gott hat unsere Gebete nicht erhört", schrie er. „Er hat unser Opfer nicht angenommen. Warum nicht?, frage ich euch. Weil wir noch immer hochmütig sind! Weil unsere Gebete nur von den Lippen und nicht aus dem Herzen kommen! Weil wir uns nicht schwer genug gezüchtigt haben!

Was also sollen wir tun? Sollen wir uns stumpfsinnig ergeben wie das Vieh? Sollen wir saufen und huren, bis der Teufel unsere Seelen holt, weil wir ja doch unser Schicksal nicht wenden können?

Ich werde euch sagen, was wir tun! Nur Gott kann uns vom schwarzen Tod befreien, aber Gottes Hilfe ist nicht umsonst! Wir müssen sie uns verdienen, indem wir beten und bereuen, beten und bereuen; indem wir uns geißeln, immer und immer wieder; indem wir nicht essen und nicht ruhen. Und wenn uns Gott heute nicht erhört, dann wird er uns morgen erhören, und wenn nicht morgen, dann übermorgen oder in drei Tagen. Aber erhören wird er uns!

Also frage ich euch: Wollt ihr mir folgen und beten und euch geißeln, wie ihr noch nie gebetet und euch gegeißelt habt? Wollt ihr Gott euren Leib darbieten und zu ihm flehen ohne die Schmerzen zu achten, ohne zu essen und zu schlafen, Stunde um Stunde, Tag und Nacht, bis er uns erhört?"

Hoch aufgerichtet stand der Alte auf dem Stein vor den Leuten, eine hagere Gestalt, das Gesicht vom langen Fasten gezeichnet, das Gewand zerrissen und blutverkrustet, wie ein Heiliger, der noch im Martyrium über das Böse triumphiert.

Seine Worte waren kaum verklungen, da brauste ein vielstimmiges „Ja!“ über den Platz. Hoffnung, Vertrauen, Wille waren zurückgekehrt.

Der Meister nickte befriedigt. Sie würden ihm folgen und Gott würde sie hören.

Ohne dass es einer Anweisung bedurft hätte, formierte sich die Menge zu einer langen Prozession und strebte vorwärts. Thomas wurde mitgerissen, bevor er wusste, wie ihm geschah.

Sie zogen durch die ganze Stadt und machten an allen Kirchen Halt. Es gab kaum einen, dem sie unterwegs begegneten, der sich ihnen nicht wenigstens vorübergehend anschloss.

Am Nachmittag erreichten sie den Platz vor der Quintinskirche am Rand des Judenviertels. Der Meister schritt, wie er es immer tat, auf das Portal zu, die anderen drängten hinterher.

Plötzlich ging die Tür auf, ein Priester kam heraus und streckte ihnen abwehrend die Hände entgegen.

Der Meister kümmerte sich nicht um ihn, sondern öffnete den zweiten Flügel.

Der Priester schob ihn beiseite. „Wage es nicht!“, sagte er drohend. „Hier kommst du mit deinen Ketzern nicht hinein!“ Und mit lauter Stimme fügte er hinzu: „Ihr leugnet die Autorität der heiligen Mutter Kirche! Euer selbst ernannter Meister maßt sich die Rechte eines geweihten Priesters an – das ist Gottesläster...“

Er kam nicht weiter. Ein Geißler sprang auf ihn zu und trat ihn in den Unterleib. Stöhnend brach er zusammen.

Der Meister erhielt einen Stoß, so dass er in den Kirchenraum hineintaumelte. Seine Anhänger drängten hinterher und trampelten über den am Boden liegenden Priester hinweg. Er versuchte vergeblich sich aufzurappeln, wand sich, bettelte und schrie, aber niemand half ihm. Dann lag er still.

Viele der Nachfolgenden hatten gar nicht bemerkt, was da genau geschehen war. Dennoch hatte sich die Stimmung der Menge gewandelt. Begeisterung und Hingabe waren einer dumpfen Wut gewichen, einem Drang, Gewalt anzutun, der sich auf vielen Gesichtern spiegelte. Noch war die Wut auf niemanden gerichtet, doch es bedurfte nur eines kleinen Anlasses, um sie zu Raserei und Mordlust zu steigern.

Als die Geißler ihr Lied anstimmten und die Menge einfiel, klang es wie ein zorniger Kriegsgesang.

# 14

Abraham bestand darauf, dass seine unerwarteten Gäste erst etwas zu sich nahmen und sich von ihrer langen Wanderung erholten, ehe er sich Davids Bericht anhörte. Er führte sie in sein Arbeitszimmer, einen getäfelten Raum mit Möbeln aus poliertem Holz und vielen Büchern, ließ auftragen und sah ihnen schweigend beim Essen zu. Das Mädchen aß fast nichts, trank aber Unmengen des verdünnten Weins, was er missbilligend zur Kenntnis nahm.

Als sie fertig waren, lehnte er sich zurück und meinte: „Mein alter Freund Aaron ist also gestorben ...“

„Ja“, unterbrach ihn David, erleichtert, endlich die Bürde seines Auftrags loszuwerden, „und auf dem Totenbett hat er mir das Versprechen abgenommen, dass ich Euch das hier bringe.“ Er holte das zerrissene Buch hervor und hielt es dem Arzt entgegen.

Der strich sich den langen Bart und meinte: „Du hast es sehr eilig, mein Sohn ...“

„Es *ist* sehr eilig!“ David unterbrach ihn erneut. „Es geht um Leben und Tod!“

„Darum ging es auch schon, bevor du gekommen bist“,

seufzte Abraham, „und manchmal glaube ich, in dieser Stadt hat das Leben den Kampf bereits verloren. Mein Haus ist eines der wenigen, das bisher von der tödlichen Seuche verschont geblieben ist. Ich darf mich wohl rühmen, kein ganz schlechter Arzt zu sein. Umso mehr schmerzt mich meine Ratlosigkeit. Mir bleibt nichts übrig, als Essigwasser zu verspritzen und Kräuter zu verbrennen, den Kranken ein Schmerzmittel hinzustellen und dann schleunigst das Weite zu suchen, damit ich mich nicht selbst anstecke ..."

„Ihr könnt mehr tun! Deshalb habe ich Euch ja das Buch gebracht!"

Der Arzt runzelte ärgerlich die Stirn, hob aber doch das Buch vor die Augen und las laut: *„Zusammenfassende Abhandlung über die Seuche"*. Dann verlangte er: „Erzähle der Reihe nach."

David wiederholte, was sein Großvater gesagt hatte. Er sprach von den Gefahren der Seuche und der Bedrohung, die durch ihre Folgen für die Juden entstand; von dem Buch, das er in Narbonne entdeckt und welche Hoffnungen er daran geknüpft hatte. Er berichtete von seiner eigenen abenteuerlichen Reise, wie er beraubt worden war und mit Elisabeths Hilfe das Gestohlene wieder erlangt hatte.

„So, so", lautete Abrahams einziger Kommentar, als David geendet hatte; dabei betrachtete er Elisabeth mit einer Mischung aus Skepsis und Bewunderung. „So, so", wiederholte er, schlug das Buch auf und begann zu lesen.

Lange Zeit verging, ohne dass jemand ein Wort sprach. Der Arzt schien sie völlig vergessen zu haben, so sehr war er in das Buch vertieft.

David wippte ungeduldig mit den Knien, Elisabeth saß zusammengesunken und mit geschlossenen Augen in ihrem Stuhl. Sie fühlte sich nach der anstrengenden Reise müde und erschöpft.

Endlich, fast eine Stunde mochte vergangen sein, blickte Abraham auf. „Höchst interessant", murmelte er, „wirklich höchst interessant. Da, hört selbst! ‚Drei Dinge scheinen mir für das Ausbrechen der Seuche verantwortlich zu sein: Der Unrat und unsere nächtlichen Exkremente, die wir einfach auf die Straße kippen, die Ratten, die unsere Häuser bevölkern, und die Flöhe, die uns mit ihren Bissen peinigen. Ich will erläutern, wie ich zu dieser Ansicht komme. Was erstens den Unrat betrifft, so ist klar, dass er, vor allem wenn es feucht und heiß ist, zu faulen und zu gären beginnt. Wer wollte bestreiten, dass dabei giftige Dämpfe entstehen, die unsere Körpersäfte verderben, wenn wir sie einatmen, und giftige Stoffe, die uns krank machen, wenn wir mit ihnen in Berührung kommen. Was, zweitens, die Ratten anbelangt, so wühlen sie in dem verfaulten Unrat und tragen Reste davon in unsere Häuser. Außerdem kann wohl niemand übersehen, dass dort, wo die Seuche ausgebrochen ist, stets auch große Mengen toter und sterbender Ratten zu beobachten sind.'"

Der Arzt unterbrach seine Lesung. „Das stimmt", bemerkte er. „Seit langem ist bekannt, dass giftige Dämpfe einen ungünstigen Einfluss auf die Reinheit der Körpersäfte ausüben. So werden Völker, die in sumpfigen Gegenden wohnen und die schlechte Luft dort einatmen, besonders oft von tödlichem Fieber heimgesucht. Und Tatsache ist, dass überall in der Stadt tote Ratten herumliegen; vielleicht ist euch auch schon aufgefallen, dass sich lebende Tiere ganz seltsam verhalten: Sie torkeln, als ob sie betrunken wären, und haben anscheinend alle Scheu vor dem Menschen verloren – sie sind ganz offensichtlich krank. Aber weiter!

‚Was meine dritte These betrifft, so habe ich keinen unwiderlegbaren Beweis für sie. Mir ist indes aufgefallen, dass viele der Kranken, die ich untersucht habe, eine Anzahl von Flohbissen aufwiesen, die eine schwarze Färbung angenommen hatten und übel rochen. Je nachdem, ob die Mehrzahl der Bisse näher an den Achseln oder den Leisten lag, hatten die Kranken dann eben dort eitrige Geschwüre. Folglich bin ich der Überzeugung, dass meine Behauptung nicht ganz und gar abwegig, sondern durch den Augenschein wahrscheinlich gemacht ist.'"

Abraham wiegte zweifelnd den Kopf. „Das halte ich für ziemlich weit hergeholt", brummte er, mehr zu sich als zu seinen Besuchern. „Wie sollte ein Floh die Pest verbreiten können? Um giftige Stoffe zu übertragen, dazu ist er viel zu klein! Nein, da muss der Zufall im Spiel sein! Und dass die Bissstellen sich schwarz verfärben, das hängt sicher damit zusammen, dass aus der Wunde vergiftete schwarze Galle nach außen dringt ... Ja, genau, das ist es ..."

Er schien seine Zuhörer völlig vergessen zu haben. „Wollen mal sehen, was er für Maßnahmen vorschlägt ..."

Er blätterte. „Ah, hier haben wir es: ‚Darum empfehle ich zunächst absolute Reinlichkeit. Aller Unrat muss von den Straßen verschwinden, die Notdurft soll nur über eigens dafür ausgehobenen Gruben verrichtet werden. Diese muss man regelmäßig ausleeren, damit der Inhalt nicht zu faulen beginnt. Die Ratten müssen mit allen Mitteln verfolgt und möglichst ausgerottet werden. Sich vor den Flöhen völlig zu schützen ist schlechterdings unmöglich. Doch hat sich gezeigt, dass sie große Hitze nicht mögen, also soll man auch im Sommer das Feuer nicht ausgehen lassen. Außerdem haben sich häufige Waschungen, das Ausklopfen der Kleidung und der Bettwäsche und das Verbrennen stark riechender Kräuter bewährt ...‘ Richtig, richtig, obwohl ich immer noch nicht glaube, dass die Flöhe mit der Pest etwas zu tun haben ... Was schlägt er sonst noch vor? ‚Ich habe zwei Formen des schwarzen Todes kennen gelernt: Die eine geht mit Atemnot und Blutspucken einher, bei ihr ist keine Rettung möglich, sie führt binnen eines Tages zum Tod. Die andere beginnt mit eitrigen, sehr schmerzhaften Beulen unter den Achseln oder in den Leisten. Bei sehr widerstandsfähigen Menschen ist hier unter Umständen Rettung möglich, wenn man die Geschwüre rechtzeitig aufschneidet, dazu den Kranken purgiert und zur Ader lässt, so dass alles Gift aus dem Körper herausfließt. Doch hier ist höchste Vorsicht geboten! Der Arzt, der mit dem Eiter oder dem Atem des Kranken in Berührung kommt, wird zwangsläufig selbst an der Pest erkranken!

Das beste Mittel, um die Seuche einzudämmen, ist freilich nicht die Behandlung, sondern die Isolation der Kranken: Außerhalb der Stadt müssen Gebäude eingerichtet werden, ähnlich den Leprosorien. Wer die geringsten Symptome der Krankheit zeigt, muss sich sofort dorthin begeben. Niemand darf sich diesen Gebäuden auf mehr als 50 Schritte nähern, kein Kranker darf sie jemals verlassen. So werden die Gesunden am ehesten vor Ansteckung bewahrt. Gott sei mein Zeuge, ich verlange das nicht gern, denn ich weiß, wie viel zusätzliches Leid ich den armen Kranken damit auferlege, dass ich sie ihren Familien und ihrer vertrauten Umgebung entreißen will, um sie in Einsamkeit sterben zu lassen. Doch ich habe zu oft mit angesehen, wie Liebe, Fürsorge und Nächstenpflicht, ja, jedes göttliche Gebot angesichts des Schreckens dieser Krankheit auf der Strecke bleiben. Ich habe miterlebt, wie ganze Städte und Dörfer entvölkert wurden. Deshalb scheue ich nicht davor zurück, solche radikalen Maßnahmen zu empfehlen. Denn besser ist es, dass eine kleine Zahl im Elend stirbt, als dass Unzählige an der Krankheit zu Grunde gehen und die Übrigbleibenden das Vertrauen in Gott verlieren.'"

Abraham klappte das Buch zu. Minutenlang war es still. Dann räusperte er sich und sagte: „Ohne Zweifel, ein großer Arzt, dieser Shabatai, wenn ich auch nicht in allen Dingen seiner Meinung bin. So glaube ich beispielsweise nicht, dass man die Beulenpest heilen kann, hunderte von Fällen sprechen dagegen. Dennoch, er ist ein bedeutender Arzt. Und in aller Bescheidenheit. Manches von dem, was er schreibt, habe ich mir selbst schon gedacht."

David konnte seine Ungeduld kaum noch bezähmen. „Dann glaubt Ihr also auch, dass man die Seuche eindämmen kann!", rief er erregt. „Die Straßen säubern, Kloaken bauen, die Ratten vertilgen, die Kranken außerhalb der Stadt unterbringen! Ihr müsst sofort anfangen!"

„Womit anfangen?“, fragte Abraham erstaunt. „Soll ich nach draußen gehen und den Schmutz aus den Gassen schaufeln?“

David rang nach Worten. Elisabeth kam ihm zu Hilfe. „Er meint, alles, was zu tun ist, in die Wege leiten; veranlassen, dass Arbeitskräfte eingeteilt, die Menschen über die notwendigen Maßnahmen unterrichtet werden; den Stadtrat informieren ...“ Sie schwieg und presste die Lippen zusammen. Ihre Augen brannten, ihr Kopf schmerzte.

„Fehlt dir etwas?“, fragte der Arzt. „Du siehst aus, als ob du Fieber hättest!“

„Nein, es ist nichts“, murmelte sie, „nur die Hitze, diese verdammte Hitze! Könnte ich noch einen Becher Wein haben?“

Abraham goss ihr nach und schüttelte dann zweifelnd den Kopf. „So einfach, wie ihr euch das vorstellt, geht das nicht. Ich gebe zu, ich habe einen gewissen Ruf in der Stadt, besser gesagt, ich hatte ihn. Denn seit die Pest bei uns wütet, hat das Wort von Ärzten kaum noch Gewicht - wen wundert es, angesichts ihrer völligen Hilflosigkeit. Die Leute hören allenfalls noch auf irgendwelche hergelaufenen Prediger, die ihnen Wunder versprechen. Aber vielleicht gäbe es unter den Ratsherren noch ein paar vernünftige Männer ...“

„Ja?“, fragte David hoffnungsvoll.

„... doch ich könnte sie niemals überzeugen“, fuhr der Arzt trübselig fort. „Ich bin Jude. Du musst doch wissen, was das heißt, du bist doch selber einer. Juden und Gojim sind selten gute Freunde und in Zeiten wie diesen ist die

Kluft zwischen ihnen unüberbrückbar. Die Seuche, die über uns hereingebrochen ist, ist etwas Fremdes, Unbegreifliches. Da misstraut man allen Fremden doppelt; und Juden und Christen sind einander fremd, auch wenn sie schon seit Generationen zusammen leben. Nein, von mir würde sich niemand überzeugen lassen."

Er schwieg bedrückt.

Elisabeth versuchte das Hämmern in ihrem Kopf und die Schmerzen in ihren Gliedern zu ignorieren. „Würde ein christlicher Arzt mehr Erfolg beim Rat haben als Ihr?"

„Vielleicht, vielleicht auch nicht. Entscheidend ist jedoch, dass jeder Arzt in dieser Stadt die Erkenntnisse Shabatais rundweg für falsch und abwegig erklären würde, so viel ist gewiss. Nein, es hat keinen Zweck, es zu versuchen."

David stieß seinen Stuhl so heftig zurück, dass er zu Boden polterte.

„Dann war alles umsonst", rief er außer sich. „Dass Shabatai das Buch geschrieben hat, dass mein Großvater seine Hoffnung auf Euch gesetzt hat, meine ganze Reise, alle Mühen und Gefahren, alles umsonst!" Aufgeregt lief er im Zimmer auf und ab. „Ihr wollt nicht einmal einen Versuch machen! Wie kann ein Arzt den Kampf aufgeben, solang es noch eine Hoffnung gibt, die Krankheit zu besiegen, auch wenn sie noch so gering ist? Habt Ihr vergessen, was Aaron gesagt hat? Dass es irgendwann heißen wird, die Juden sind schuld? Dass die Gojim dann über uns herfallen und uns niedermachen werden?"

„Nun, nun, so schlimm muss es ja nicht kommen", versuchte der Arzt ihn zu beruhigen, aber David geriet nur noch mehr in Zorn.

„Ihr redet wie mein Vater“, wütete er. „Der sitzt auch immer in seinem Lehnstuhl und verlässt sich darauf, dass nichts passiert. Aber Ihr seid ein Gelehrter, Ihr müsstet es besser wissen! Wäre es vielleicht das erste Mal, dass Juden vertrieben oder umgebracht worden sind? Ein weiser Mann wärt Ihr, hat Aaron gesagt. Er hat vergessen hinzuzufügen: Außerdem ist er bequem und feige!“

Abraham war blass geworden. Nachdenklich und ohne auf Davids Vorwürfe einzugehen, saß er in seinem Sessel, das Kinn in die Hände gestützt.

„Vielleicht“, sagte er nach einer Weile, „hast du Recht. Ich werde es versuchen. Es gibt hier einen Arzt, der sehr einflussreich ist, Heinrich Salzkestner. Er hat zwei Brüder im Stadtrat und er genießt einen guten Ruf. Übermorgen, wenn die Sabbatruhe vorbei ist, werden wir ihn aufsuchen.“

„Sabbatruhe?“, brauste David auf. „Wie könnt Ihr an den Sabbat denken, wenn so viel auf dem Spiel steht?“

„Es gibt nichts, was wichtiger sein könnte als die Einhaltung der Sabbatruhe“, erwiderte Abraham. „Wenn die Welt aus den Fugen gerät, ist es doppelt wichtig, sich an die Gebote Gottes zu halten!“

„Wir haben noch eine Stunde Zeit bis zum Sonnenuntergang. Warum sollen wir sie ungenutzt verstreichen lassen?“

Wider seinen Willen musste Abraham lächeln. „Ein Arzt wird aus dir nie werden“, meinte er, „ein guter Arzt muss Geduld haben. Also gut, du hast gewonnen. Gehen wir!“

Sie brachen sofort auf. Vor der Tür stolperte Elisabeth und musste sich an David festhalten um nicht zu fallen.

„Was fehlt dir?“, fragte er erschrocken.

„Es ist nichts“, erwiderte sie schroff, „komm, wir haben keine Zeit zu verlieren.“

Der Arzt musterte sie besorgt, sagte aber nichts und wies nur in die Richtung, die sie einschlagen mussten.

Der Platz vor der St.-Quintins-Kirche war noch immer voller schreiender, tobender, betender Menschen.

Als Abraham sie sah, zog er sich den Chaperon tiefer ins Gesicht und sah sich nach einem Weg um, auf dem sie am ehesten unbemerkt an ihnen vorbeikämen.

„Ihr spürt es genauso wie ich“, sagte David bitter, „wir haben wirklich keine Zeit zu verlieren. Nehmt Eure Haube am besten ab, auch wenn es Euch zuwider ist. Da hinten rechts stehen am wenigsten Leute, da können wir durch.“

Widerstrebend tat Abraham, was ihm geraten worden war. Unbehelligt kamen sie an der Menge vorbei und standen wenig später vor dem großen, prächtigen Haus seines Kollegen.

Auf ihr Klopfen öffnete eine alte Magd und sagte barsch: „Der Herr ist nicht in der Lage jemanden zu empfangen. Kommt ein andermal wieder!“

Damit wollte sie die Tür zuwerfen, aber Abraham hinderte sie daran, indem er sich auf die Schwelle drängte. „Sag ihm, Abraham ben Meir möchte ihn sprechen; es handelt sich um eine Angelegenheit von höchster Dringlichkeit.“

Brummend verschwand die Alte im Inneren des Hauses. Ein paar Minuten später kam sie zurück und verkündete:

„Ihr könnt zu ihm. Aber macht es kurz, es geht ihm nicht gut.“ Sie ging hinein, die drei folgten ihr.

Oben an der Treppe empfing sie der Hausherr.

„Ihr kommt zu keiner guten Zeit, Herr Kollege“, sagte er statt einer Begrüßung. Sein feistes, rötliches Gesicht, dem man ansah, dass sein Besitzer das gute Leben liebte, trug den Ausdruck tiefer Trauer; dunkle Schatten lagen unter seinen Augen. „Gestern ist meine Hausfrau gestorben.“

„Es tut mir sehr Leid“, sagte Abraham und verbeugte sich. „Verzeiht mir, dass ich Euch trotz Eures Kummers störe, aber ich brauche Eure Hilfe.“

„Es tut Euch sehr Leid?“ Heinrich Salzkestner nickte wehmütig. „Das sind schon mehr Wörter, als ein Toter sie in diesen Tagen beanspruchen darf. Ich werde Euch anhören, aber macht es kurz!“

Er geleitete seine Besucher in seinen Arbeitsraum und bot ihnen Platz an. „Also, was kann ich für Euch tun?“

Abraham hielt sich nicht lange mit Vorreden auf. „Es geht darum, dass wir vielleicht, ich sage vielleicht, eine Möglichkeit haben die Seuche einzudämmen.“

Heinrich wollte etwas einwenden, aber Abraham bat: „Hört mich erst an!“ Er informierte seinen Kollegen kurz über Davids Reise, freilich ohne zu erwähnen, was Aaron für die Juden befürchtet hatte. Dann gab er die wichtigsten Ansichten Shabatais wider.

Als er geendet hatte, blickten er und seine Begleiter den Arzt erwartungsvoll an. Aus dessen Gesicht waren Trauer und Resignation gewichen und hatten einer Miene der Missbilligung, ja, des Unmuts Platz gemacht.

„In meinem Leben habe ich noch nicht so etwas Abwegiges gehört", grollte er. „Ratten und Flöhe! Nächstens behauptet Ihr noch, dass Vergissmeinnicht und Gänseblümchen für die Pest verantwortlich sind!"

„Aber die Indizien sprechen doch für sich!", begehrte Abraham auf.

Der andere wischte seinen Einwand beiseite. „Ach was, Indizien! Abwegig, sage ich! Ich gehöre wirklich nicht zu denen, die die Pest einfach als Strafe Gottes hinnehmen. Aber Ihr könnt doch die eindeutigen Ergebnisse medizinischer Gelehrsamkeit nicht ignorieren! Kennt Ihr nicht das Gutachten, das die medizinische Fakultät der Pariser Universität im vergangenen Jahr vorgelegt hat?"

„Ehrlich gesagt, nein", gestand Abraham, „manches andere wohl, aber das nicht."

Heinrich Salzkestner breitete die Arme aus, eine Gebärde, die deutlich machte, was er von der Kompetenz seines Kollegen hielt, und begann in belehrendem Tonfall zu dozieren: „Es kann für einen verständigen Arzt keine Einwände dagegen geben, das kann ich Euch versichern. Durch die augenblicklich ungünstige Konstellation der Planeten Jupiter, Mars und Saturn werden giftige Dämpfe in großer Menge in die Luft gesogen und als verdorbene Winde wieder zurück auf die Erde geschleudert. Wohin sie gelangen, da bricht die Pest aus. Die Giftstoffe werden eingeatmet und zerstören die Organe. Der vergiftete Atem der Kranken ist es, der dann zur noch schnelleren Verbreitung der Pest beiträgt, nicht etwa der Unrat auf den Straßen oder gar Ratten und Flöhe. Lachhaft! Von Euch hätte ich nicht erwartet, dass Ihr Euch die Fantastereien eines Mannes zu eigen macht, der nur seine eigene Unkenntnis und Hilflosigkeit verschleiern wollte!"

Er hatte sich in Eifer geredet; nun, da er seine Überlegenheit bewiesen zu haben glaubte, blickten seine Augen wieder teilnahmslos.

„Mag sein, dass Shabatai hilflos war, wenn man ihm damals so wenig Glauben geschenkt hat, wie Ihr es tut", bemerkte Abraham ruhig. „Aber auch Eure ‚Erkenntnis' verurteilt Euch zur Hilflosigkeit, das könnt Ihr nicht leugnen!"

„Nein, das kann ich nicht", sagte Heinrich müde, „da habt Ihr Recht. Nur weigere ich mich, das bisschen Kraft, das mir noch geblieben ist, für solch offenkundigen Unsinn zu verschwenden."

David, der bisher wortlos dagesessen und zugehört hatte, verstand die Welt nicht mehr. Du hast dich geirrt, Großvater, dachte er verzweifelt, das Buch kann den Menschen nicht helfen. Nicht, weil etwas Falsches darin stünde, sondern weil sie zu dumm und verbohrt sind um die Wahrheit zu erkennen und danach zu handeln. Ihm war elend zu Mute und gleichzeitig erfüllte ihn ein solcher Zorn, dass er diesem eingebildeten, engstirnigen Doktor, den noch nicht einmal der Tod seiner Frau zum Nachdenken bewegen konnte, am liebsten seine Verachtung in das feiste Gesicht geprügelt hätte. Sollte er doch krepieren, sollten sie doch alle krepieren! Da war ihm, als ob er die Stimme des alten Aaron hörte: „Sie werden sagen, die Juden sind schuld!" Und er kämpfte seinen Zorn nieder.

„Wenn die Pariser Ärzte Recht haben und der verpestete

Atem der Kranken die Seuche weiterverbreitet", sagte er, „dann ist es doch zumindest sinnvoll, alle Kranken zu isolieren, wie es Shabatai vorschlägt."

Der Arzt winkte ab. „Ach, was verstehst du davon! Die Luft ist so voller Peststoffe, dass man damit gar nichts erreichen würde. Im Gegenteil, durch die Anstrengungen, die damit verbunden wären, würden Kranke wie Gesunde noch zusätzlich geschwächt."

Es war zwecklos. David fühlte den Schmerz der Niederlage, stärker noch als nach der Demütigung durch den falschen Pilger. Seine Reise war umsonst gewesen.

Er wollte sich erheben, als Elisabeth das Wort ergriff. Sie saß kerzengerade in ihrem Stuhl, seltsam steif, ihre Hände umklammerten die Lehnen, als ob sie eine Stütze bräuchte. Doch ihre Stimme war eindringlich und klar.

„Eure Frau ist gestorben, Herr Doktor. Sie hat große Schmerzen gelitten, nehme ich an, und Ihr habt ihr nicht helfen können. Ich frage Euch, was nutzt Euch Eure ganze ärztliche Kunst, wenn sie den Kranken nicht hilft? Was bewirkt Eure sichere Erkenntnis, wenn sie nur dazu führt, dass man – gar nichts tut? Noch vielen Männern werden ihre Frauen sterben, Frauen ihre Männer, Kindern ihre Eltern, Eltern ihre Kinder. Und Ihr sitzt bloß da und sagt: ‚Ich habe aber Recht!' Mag sein, dass Ihr wirklich Recht habt. Mag sein, dass alles falsch ist, was Shabatai behauptet. Vielleicht aber auch nicht. Wie wollt Ihr das herausfinden, wenn Ihr es nicht überprüft? Ihr müsst doch gar nichts weiter tun als Abrahams Wunsch zu erfüllen: Zum Rat gehen und ihm vorschlagen, was Shabatai empfiehlt. Schlägt man

Euch das ab, habt Ihr wenigstens einen Versuch gemacht. Wenn Ihr dazu nicht bereit seid, wärt Ihr besser Hufschmied geworden als Arzt!“

Heinrich wollte zornig auffahren, doch da trafen sich ihre Blicke und sie fügte leise hinzu: „Ich bitte Euch!“

Es war etwas in ihren Augen, das ihn zum Einlenken bewog. „Ich will es mir überlegen“, sagte er, „kommt morgen oder übermorgen wieder, dann können wir noch einmal darüber sprechen. Und jetzt geht bitte!“

Er senkte den Kopf; sie erhoben sich und überließen ihn seiner Trauer.

Als sie wieder auf der Straße standen, sagte David dankbar: „Das hast du gut gemacht!“

Abraham wiegte zweifelnd den Kopf. „Macht euch nicht zu viel Hoffnung. Ihr verlangt viel von ihm: Er soll die Meinung der höchsten Autoritäten anzweifeln. Das ist auch mir schwer gefallen; ihm, scheint mir, ist es fast unmöglich.“

„Wir haben es jedenfalls versucht“, seufzte Elisabeth.

Plötzlich taumelte sie und lehnte sich schwer gegen David.

„Du bist wirklich krank!“, meinte er besorgt, „ich hab es mir vorhin schon gedacht. Du bist ganz heiß! Am besten ist es, du legst dich ins Bett. Abraham wird dir ein Mittel geben.“

„Mir fehlt nichts“, beharrte Elisabeth, „ich kann nur die Hitze nicht vertragen.“

Der Arzt sah sie prüfend an. „Bist du in der Stadt mit einem Kranken in Berührung oder sonst einem Menschen sehr nahe gekommen?“, fragte er nachdenklich.

Der Wächter am Tor. Die Frau, die sie nach dem Weg gefragt hatten. Doch sie waren gesund gewesen, gesund, gesund, gesund!

„Nicht einmal einer Ratte", antwortete sie und bemühte sich zu lächeln.

Der Arzt nahm unvermittelt ihre Hand. Seine Berührung war fest und dabei behutsam und zart. „Wir werden dich stützen", sagte er freundlich, „der Weg ist ja nicht weit." Er wandte das Gesicht ab, damit sie seine Bestürzung nicht merkte. Er war ein guter Arzt und er sah, was er sah. Nur helfen konnte er nicht.

An der Quintinskirche war die Menge inzwischen noch auf ein Vielfaches angewachsen. Bis in die umliegenden Gassen hinein drängelten sich die Menschen. Kurz entschlossen führte Abraham seine Begleiter auf einem Umweg zu seinem Haus.

Als sie es erreichten, hatte sich der Horizont rot gefärbt. Sie traten ein, Abraham verriegelte die Tür.

Der Shabat hatte begonnen.

# 15

Plötzlich war es da.
Irgendeiner in der Menge hatte es vor sich hin gemurmelt, beschwörend oder nebenhin, um sich freizusprechen von der lastenden Sündenschuld oder um aus der Zustimmung der anderen Hoffnung zu schöpfen.

Seine Nachbarn hatten genickt und es nachgesprochen, bereitwillig: So war es. Gott hatte sie nicht verlassen, ihre Sünden waren nicht schuld an dem Unheil, sondern das Fremde und Böse in ihrer Mitte. Sie waren nicht ohnmächtig, denn das Fremde und Böse konnten sie bekämpfen, aus ihrem Leben tilgen, jetzt gleich und endgültig!

Es pflanzte sich fort wie der Klang der Glocken, die zur Messe riefen. Immer mehr hörten es, riefen es, lauter und lauter. Bald übertönte es Gebete und Gesang, mit jedem Mal klang es überzeugter, selbstsicherer, wütender und zuversichtlicher. Gott hatte ein Zeichen gegeben und den Weg gewiesen: „Die Juden sind schuld! Sie haben das Wasser in den Brunnen vergiftet!"

Die Juden waren schuld. Der schwarze Tod war das Werk der Juden. Hatten sie nicht auch den Herrn ans Kreuz geschlagen? Lebten sie nicht für sich? Kleideten sie sich nicht anders? Beteten sie nicht anders? Waren sie nicht die Todfeinde der Christen? Die Juden waren schuld. Sie hatten das Wasser in den Brunnen vergiftet. Dafür mussten sie jetzt bezahlen!

Die Masse geriet in Bewegung. Menschen lösten sich voneinander, wer nicht im Gedränge stand, stürmte voran in das Judenviertel, die anderen folgten. Geißeln wurden geschwungen, verborgene Dolche gezogen.

Es war still in den Gassen, die Shabatruhe hatte schon begonnen, als die tobende, rachsüchtige Menge einfiel.

„Holt die Ratten aus ihren Löchern!"

Die erste Haustür kracht unter den Fußtritten und zerbirst. Männer dringen in die Diele ein, in die Stube, wo sich die Familie um den Tisch versammelt hat: Der Mann, die Frau, zwei Töchter. Sie sterben, ehe sie um ihr Leben bitten können. Goldbeschlagene Gürtel werden von leblosen Körpern gezogen, Perlengeflechte aus Frauenhaaren gerissen, Truhen durchwühlt, Schränke umgeworfen, ein Geldkasten geplündert, silberner Tafelbesatz verschwindet unter weiten Gewändern.

„Räuchert das Nest aus!" Ein Tritt in das Herdfeuer, dass die Funken stieben, Kleider und Wäschestücke brennen, Flammen züngeln an getäfelten Wänden empor.

Weiter, zum nächsten Haus!

Aus einem Hoftor späht ein Mann, das Gesicht von Todesangst verzerrt.

„Da will einer fliehen!" Steine fliegen, Geißelhiebe prasseln auf seinen Kopf, blutüberströmt fällt er vornüber.

Jemand reißt das Tor auf. Eine kleine Schar steht dahinter, ein paar Knechte und Mägde, die Hausfrau, drei Kinder, die die Hände angstvoll erhoben haben.

„Bitte lasst uns in Frieden", stößt die Frau hervor, „was haben wir euch getan?"

Niemand antwortet ihr. Ein Knecht stellt sich schützend vor die Kinder, bis ihm ein Schwerthieb den Schädel spaltet und er zu Boden sinkt.

Plötzlich macht die Frau drei, vier schnelle Schritte auf einen der Angreifer zu. Mit einer raschen Bewegung sticht sie ihm das lange Schächtmesser, das sie auf dem Rücken verborgen hatte, tief in den Leib. Mit einem klagenden Laut bricht er in die Knie. Seine Spießgesellen starren ihn ungläubig an, als er, die Hände krampfhaft um den Griff geklammert, zusammenbricht. Dann fallen sie wie rasend über die anderen her, bis sich keiner mehr regt.

Bald brennt das nächste Haus, das übernächste, Flammen schlagen aus dem Dach der Synagoge.

Es wurden immer mehr Männer, die durch die Gassen des Judenviertels liefen. Jeder hatte jetzt eine Waffe. Wer keine Geißel, kein Schwert oder Messer besaß, hatte sich etwas aus einem der Häuser geholt, ein ausgebrochenes Stuhlbein, einen Knüppel, einen Feuerhaken, eine Ofengabel.

„Schlagt die Juden tot, sie haben unsere Brunnen vergiftet, sie haben den schwarzen Tod über uns gebracht!"

Sie waren berauscht von der Macht über Leben und Tod, von der Gier nach verborgenen Schätzen.

Thomas stand inmitten des kleinen Platzes vor der brennenden Synagoge und beobachtete verstört das Morden.

Er war mitgelaufen, wie er in den letzten Tagen mitgelaufen war: Einer, der nicht weiß, wohin er sonst gehen soll. Doch als die Gruppe, der er sich angeschlossen hatte, in ein Haus eingedrungen war, war er zurückgeblieben, denn er verstand ihren Hass nicht.

Ein paar Mal hatte er Männer mit seltsamen, spitzen Hüten gesehen und gehört, dass das Juden seien. Er hatte wie die anderen gelacht über die Hüte; sonst hatten sich die Männer in nichts von den Christen unterschieden. Eines allerdings wusste er ganz genau: Für den schwarzen Tod konnten sie nicht verantwortlich sein. Wie hätten sie in dem einsamen Kloster in den Tiroler Bergen den Brunnen vergiften sollen?

Sie sind unschuldig, lasst sie leben!, wollte er schreien, doch niemand würde ihn beachten. Ein schmaler Weg kam ihm in den Sinn, drei junge Burschen, die über ihn herfielen um ihn zu berauben, da hatte auch er die Lust zu töten gespürt, eine heftige, kaum bezähmbare Lust.

Wenn sie sich nicht selbst bezwangen, würde sie niemand aufhalten können.

Doch, einer könnte es vielleicht, der Meister! Seine Worte hatten bei diesen Menschen Furcht und Hoffnungslosigkeit in neuen Mut und Begeisterung verwandelt. Vielleicht würden sie auch ihre Mordlust in Friedfertigkeit verwandeln. Er musste ihn finden!

Suchend glitt sein Blick über den Platz, über Fenster, aus denen die Flammen züngelten, über Menschen, die kreischend vor ihren Peinigern flohen, über Männer, die johlend eine Tür eintraten, auf der Suche nach neuen Opfern, über Tote mit eingeschlagenen Schädeln und verrenkten Gliedern. Den Meister sah er nicht.

Aus einem der Häuser kam ein Mann heraus. Thomas kannte ihn, es war einer von denen, die nach ihm zu den Geißlern gestoßen waren. Er keuchte unter der Last eines schweren Sacks, den er auf dem Rücken trug und mit einer Hand festhielt. Mit der anderen zerrte er einen kleinen Jungen hinter sich her. Er setzte den Sack ab und legte dem Kleinen die Hände um den Hals. „Wo ist das Gold?“, schrie er heiser. „Sag es mir oder ich bring dich um!“ Der Junge zappelte und trat um sich. Es half ihm nichts, der Geißler drückte nur umso fester zu. „Das Gold, ich will das Gold!“

Die Bewegungen des Kindes wurden schon schwächer, da erwachte Thomas aus seiner Erstarrung. Er sprang auf den Geißler zu und griff nach dem Sack, als ob er ihn stehlen wollte. Sofort ließ der Mann sein Opfer fahren und stürzte sich auf ihn. Thomas wich zurück, der Junge rannte schreiend davon.

„Dafür stirbst du“, keuchte der Mann. Er zog ein Messer und stach blindlings zu. Thomas glitt zur Seite, und als der andere ihm nachstolperte, stellte er ihm ein Bein. Der Geißler stürzte und schlug schwer mit der Stirn auf den Boden auf. Röchelnd lag er da, das Gesicht im Staub.

„Du bist es, der stirbt“, sagte Thomas und hob den Fuß, um ihm mit einem Tritt das Genick zu brechen. Er wollte das Knacken der Wirbel hören, wollte, dass der zuckende Körper aufhörte zu atmen; er spürte seine Macht und die Freude, die sie ihm verschaffte.

Langsam senkte er den Fuß und wandte sich ab, voller Ekel und Scham. Nur durch Gott bist du, was du bist, ein Mensch, das waren die letzten Worte des Medicus gewesen. Wer einen Menschen tötet, der tötet das Ebenbild Gottes. Wie kann der noch ein Mensch sein? Er stieß gegen den Sack, dass er umfiel; es klirrte, ein silberner Leuchter glitt heraus.

Er musste den Meister finden! Er irrte durch die Gassen des Viertels, spähte in jeden Winkel, bis er ihn endlich sah, an eine Wand gelehnt, reglos, wie versteinert. Er rannte auf ihn zu.

„Stellt Euch vor die Türen, sprecht zu den Leuten, sie müssen damit aufhören! Nur Ihr könnt Sie dazu bewegen!"

Der Alte blickte durch ihn hindurch, als hätte er ihn gar nicht gehört. Er fasste ihn an den mageren Schultern und schüttelte ihn. „Die Juden sind unschuldig, versteht Ihr nicht? Sie bringen unschuldige Menschen um!"

Anstatt ihm zu antworten, begann der Alte die Hände zu ringen und zu wimmern wie ein Kind.

Da entdeckte Thomas sein Schwert. Der Griff ragte aus dem Bündel, das der Alte auf dem Rücken trug. Er riss es heraus und lief zurück über den Platz.

An einem großen Haus in der Nähe der Synagoge machten sich drei Männer zu schaffen. Sie hatten einen Fensterladen aufgebrochen und warfen brennende Lumpen in die Öffnung. Dann schlossen sie den Laden wieder, einer hielt ein dickes Brett darüber, der zweite schlug Nägel in das Holz. Der dritte schwang eine Axt und trieb mit wuchtigen Schlägen Pfosten unter die Tür um sie zu verkeilen.

Mein Gott, in dem Haus waren Menschen, und diese Kerle wollten sie lebendig verbrennen!

Abraham hatte den *qiddush* gesprochen und den Wein gesegnet, jetzt saßen sie alle in der Stube im ersten Stock um den gedeckten Tisch, der Hausherr und Judith, seine Frau, Rahel, die alte Haushälterin, David und Elisabeth.

Sie hatte von Abraham einen stärkenden Trank bekommen, der ihr half sich aufrecht zu halten. Aber in ihrem Inneren brannte das Fieber und der Schmerz in ihren Leisten war fast unerträglich. Vorhin, als sie zurückgekommen waren, hatte sie davonlaufen wollen, weit weg von allen Menschen. Sie hatte die Kraft dazu nicht aufgebracht. Der Arzt wusste längst Bescheid, das hatte sie seinen Blicken angesehen.

Er hat mich trotzdem aufgenommen, dachte sie, eine Christin, eine pestverseuchte Hure. Gott, vergib mir, ich habe sie vielleicht alle angesteckt!

Angstvoll schaute sie von einem zum andern, bis ihr Blick an David hängen blieb, an seinem verschlossenen Gesicht mit den dunklen Augen und dem trotzigen Mund.

Bitte, Gott, lass sie leben, lass ihn leben!

Die Stimme Abrahams riss sie aus ihren Gedanken. „Wir wollen jetzt essen“, sagte er. „Rahel, hol die Speisen und lösch das Herdfeuer!“

Als die Speisen auf dem Tisch standen, sprach er den Segen über dem Brot und brach es.

Er wollte es eben verteilen, da sprang David auf. „Was ist das? Was ist da los?“

Draußen vom Platz drang Lärm zu ihnen herauf, erregtes Stimmengewirr, dumpfe Schläge, gefolgt vom Krachen splitternden Holzes.

„Setz dich wieder hin“, gebot Abraham. „Vielleicht ein paar Burschen, die zu viel Wein getrunken haben. Wir sind jedenfalls vor ihnen sicher, ich habe die Tür fest verriegelt.“

Sein Gesichtsausdruck strafte seine Worte Lügen, aber David gehorchte trotzdem.

Der Hausherr reichte Brot und Speisen weiter und goss Wein in die gläsernen Becher. Schweigend begannen sie zu essen, bis auf Elisabeth, die nur hin und wieder einen Schluck aus ihrem Glas nahm.

Plötzlich waren die Schläge ganz nah, dröhnten durch das Haus, es gab einen berstenden Knall, Männer johlten triumphierend.

„Gerechter Gott, steh uns bei!“, flüsterte Judith entsetzt, „sie haben einen Laden aufgebrochen. Gleich werden sie hier sein!“

Bewegungslos saßen alle da, nur David war aufgestanden und zur Tür geeilt, sein Messer in der Hand. Er würde sich von keinem Goj abschlachten lassen wie ein Opferlamm!

Doch keine blutgierigen Mörder polterten die Treppen hinauf, wie sie es erwartet hatten. Stattdessen waren wieder Schläge zu hören, helle, klirrende, von Eisen auf Eisen, dazwischen dumpf pochende, wie wenn Pflöcke in den Boden getrieben würden.

Dann wurde es still, die Stimmen entfernten sich, nur

noch von fern war das Getöse zu hören, eine tödliche Gefahr, die noch einmal an ihnen vorübergegangen war.

David roch den Rauch zuerst. Er öffnete die Tür, da schlug er ihm schon beißend und stinkend entgegen.

„Sie haben Feuer gelegt! Wir müssen hier raus!"

„Wir können nicht hinaus", entgegnete Abraham ruhig. „Weißt du nicht, was das Hämmern zu bedeuten hatte? Sie haben alles verrammelt und verkeilt. Und außerdem – wohin sollten wir fliehen?"

„Ihr dürft nicht einfach aufgeben!", brüllte der Junge. „Schnell, bevor das Feuer die Treppe zerstört hat! Warum wollt Ihr es den Mördern so leicht machen?"

Sein Blick fiel auf Elisabeth, die teilnahmslos auf ihrem Stuhl saß. Er ließ das Messer fallen und zerrte sie hoch.

Sie wehrte sich und klammerte sich an den Tisch. „Geh allein, ich bin dir nur hinderlich, ich kann mich ja kaum auf den Beinen halten!"

„Du kommst mit", schrie David, „oder ich bleibe auch hier!" Er schlang ihr einen Arm um die Hüften und schleppte sie mehr, als dass sie selber ging, zur Tür. Dort drehte er sich noch einmal um und blickte die Zurückbleibenden flehend an.

Doch Abraham schüttelte nur leicht den Kopf.

Da zog er das Mädchen hinter sich her in den wirbelnden Rauch. Ihre Schritte waren noch eine Weile zu hören, ehe sie vom Prasseln des Feuers übertönt wurden.

„Du bist zu spät gekommen mit deinem Buch, mein Freund", sagte Abraham leise, „wenn du denn jemals hättest rechtzeitig kommen können."

Er nahm Judith und Rahel bei den Händen und sie warteten still, dass sich ihr Schicksal vollendete.

Das Feuer knisterte hinter dem geschlossenen Laden, niemand würde die Tür von innen öffnen können. Zufrieden mit ihrem Werk zogen die Männer ab. Keiner von ihnen bemerkte mehr, wie Thomas heranstürmte.

Mit aller Kraft trat er gegen die Keile, stieß die Spitze des Schwerts von oben in das Holz und versuchte sie herauszuwuchten. Rauch kräuselte aus den Ritzen der Tür. Verbissen arbeitete er weiter. Der erste Keil lockerte sich, dann der zweite, der dritte, der vierte.

Jemand griff ihn von hinten an, prügelte auf ihn ein und wollte ihn wegziehen. Ohne sich umzudrehen, schlug er heftig mit dem Schwert nach hinten, ein Schmerzensschrei ertönte, der Griff löste sich.

Er versuchte die Tür zu öffnen, aber sie war verriegelt. Wieder und wieder hackte er auf das Holz ein. Splitter flogen, endlich hatte er einen breiten Spalt hineingeschlagen. Er langte hindurch, schob die Riegel zurück und zog die Tür auf. Dichter Qualm quoll heraus.

Gerade wollte er in das Haus eindringen, da taumelten ihm zwei Gestalten entgegen, ein Junge und ein Mädchen, hustend und keuchend, die Gesichter schweißnass und rußverschmiert, die Haare angesengt.

Thomas fragte: „Ist noch jemand im Haus?“

„Drei Menschen verbrennen da drinnen bei lebendigem Leib“, sagte der Junge. „Aber bemüh dich nicht, es sind nur Juden.“ Seine Stimme war voller Hass und Verachtung.

„Ich hole sie heraus“, sagte Thomas ohne darauf zu achten, doch das Mädchen hielt ihn zurück. „Bleib hier! Da ist niemand mehr, dem du noch helfen kannst.“

Das von der wochenlangen Dürre ausgetrocknete Fachwerk brannte wie Zunder. Die Flammen loderten schon aus dem Dach und die Hitze wurde so groß, dass sie unwillkürlich ein paar Schritte zurücktraten.

Hilflos starrten sie auf das Flammenmeer, das das Haus und die Menschen darin verschlang.

„Das Buch!“, stieß da der Junge verzweifelt hervor, „ich hab das Buch dringelassen!“

„Das Buch?“, fragte Thomas verwundert, „was für ein Buch?“

Niemand antwortete ihm.

Elisabeth spürte den pochenden Schmerz in ihren Leisten. Ihre Hände tasteten darüber hin, unter dem Kleid fühlte sie die tödlichen Beulen. Sie war müde, das Fieber brannte in ihr wie das Feuer vor ihr.

Vier junge Männer in einer dunklen, menschenleeren Gasse. Was wollt ihr von mir? Bitte lasst mich gehen! Keine Tochter ist besser als eine Tochter ohne Ehre. Zwei Silbergroschen, wenn du dich mit mir hinlegst! Der jüdische Junge mit den dunklen Haaren und dem trotzigen Blick. Er ist in Sicherheit. Bitte, Gott, verschon ihn von der Pest! Die Nächte am Fluss. Es gibt keine Zukunft für uns. Der schwarze Tod, er verbrennt mich!

„Dein wunderbares Buch“, hörte sie sich fragen, „mit dem du die Seuche heilen und die Menschen besser machen kannst?“ Sie freute sich, dass ihre Stimme nicht zitterte, sondern ein wenig spöttisch klang. „Wart, ich hol's dir, David!"

Ehe die beiden Jungen begriffen, was sie tat, war sie mit letzter Kraft auf das brennende Haus zugesprungen und in den rasenden, prasselnden Flammen verschwunden.

Thomas merkte, dass David hinter ihr her wollte. Gedankenschnell legte er ihm die Arme um die Brust und hielt ihn zurück.

Augenblicke später brachen Türstock und Wände mit ohrenbetäubendem Krachen in einem Regen von Funken und Ascheteilen in sich zusammen.

Da lockerte Thomas seinen Griff. „Warum hat sie das getan?", fragte er fassungslos.

David schaute tränenblind auf die qualmenden Trümmer, unter denen Elisabeth begraben lag. „Sie hatte die Pest", murmelte er, „das muss es gewesen sein. Sie hatte die Pest und ich hab sie nicht getröstet."

Plötzlich fuhr er herum. „Verfluchter Goj", schrie er, „du und Deinesgleichen, ihr alle sollt an der Pest verrecken!"

Laut aufschluchzend rannte er davon und war gleich darauf hinter Rauch und verkohlten Mauern verschwunden.

Es war ruhiger geworden, die Mordlust und die Habgier der Menge waren gestillt. Nur noch wenige Männer liefen herum, auf der Suche nach einem Opfer, das ihnen entgangen, einem Beutestück, das sie übersehen hatten. Die Sonne war längst untergegangen, es dämmerte, hell leuchteten die Flammen.

Thomas' Fuß stieß an etwas, er konnte es kaum noch erkennen im schwindenden Tageslicht. Er bückte sich und hob es auf. Es war ein Brettchen, Teil eines Möbelstücks – vielleicht eines Pults, an dem jemand gelesen und geschrieben hatte. Auf der einen Seite glänzte noch das polierte Holz, auf der anderen war es verkohlt und brüchig.

Er trat näher an das Feuer heran und ritzte mit seinem Messer Buchstaben und Zahlen in die glatte Seite: „Mainz, am 23. August, im 1349. Jahr nach der Menschwerdung Gottes." Dann steckte er es ein.

Langsam ging er durch die Gassen des Judenviertels, ließ seinen Blick über die Bilder der Zerstörung gleiten, über die Toten, die auf der Erde lagen, als wollte er das alles für immer seinem Gedächtnis einprägen.

Als er an St. Quintin vorbeikam, sah er die Flammen aus dem Dachstuhl schlagen.

Das Feuer vernichtet nicht nur Judenhäuser, dachte er. Es ist grausam, aber gerecht. Wie der schwarze Tod.

Von einem Brunnen in der Nähe bis in das Innere der Kirche hinein hatten Menschen eine Kette gebildet und reichten Eimer für Eimer weiter.

Es war natürlich aussichtslos. Wer immer da oben stand und das bisschen Flüssigkeit in die tobenden Flammen schüttete, der brachte nur unnütz sein Leben in Gefahr. Wer den Brand, den er selbst verursacht hatte, mit ein paar Wassertropfen bekämpfen wollte, der hatte nichts begriffen. Den Brand musste man verhüten; war er einmal ausgebrochen, war es zu spät.

„Gebt es auf!", wollte er rufen, doch niemand würde ihn hören.

Also ging er weiter durch Rauch und Gestank, immer weiter, bis er ein Stadttor erreichte. Es war verlassen, kein Wächter war weit und breit zu sehen. Er trat hinaus in das weite Land.

Die Sterne funkelten vom klaren Himmel, wie wenn nichts geschehen wäre, wie wenn das, was Menschen taten und was ihnen widerfuhr, ganz gleichgültig wäre für den Lauf der Welt und der Zeit.

Er war noch immer am Leben. Die Krankheit schien ihm nichts anhaben zu können. Warum freute er sich nicht darüber?

Er wanderte schon eine Zeit lang auf der menschenleeren Straße, als ihm bewusst wurde, dass er halblaut ein Lied vor sich hin sang, vier kurze Verse nur, mit einer kleinen, unbeholfenen Melodie:

*Ich komm und weiß nicht, woher,*
*ich bin und weiß nicht, wer,*
*ich fahr und weiß nicht, wohin.*
*Mich wundert, dass ich so fröhlich bin.*

Er verstand es weniger denn je.

# Glossar

**Aderlass:** Blutentnahme am Oberarm, häufige Heilmaßnahme im Mittelalter; dadurch sollten Giftstoffe aus dem Körper abfließen

**Bilge:** unterster Teil des Schiffsbodens, in dem sich das Leckwasser sammelt

**Bubonenpest:** Beulenpest, Form der Pest, bei der sich in den Leisten oder unter den Achseln eitrige Geschwüre (Beulen) bilden; sie wird meist durch Flohbisse übertragen

**Cellerar:** Mönch, der für die Wirtschaftsführung des Klosters verantwortlich ist

**Chaperon:** Kragen mit haubenähnlicher Kapuze

**Chor:** erhöhter Kirchenraum mit dem Altar; hier wurde das Chorgebet abgehalten

**Chorgebet:** gemeinsames (gesungenes) Gebet der Mönche; es fand regelmäßig zu bestimmten Tages- und Nachtzeiten in der Kirche statt

**Confessarius:** Beichtvater eines Klosters

**Da mihi animam, cetera tolle:** lat., „gib mir die Seele, alles andere lass fahren"; damit ist gemeint, dass nur die unsterbliche Seele von Bedeutung, alles Irdische dagegen unwichtig ist

**Deus vobiscum:** lat., „Gott sei mit euch!"

**Dormitorium:** Schlafsaal eines Klosters

**Exequien:** Begräbnisfeierlichkeiten

**Folioband:** großformatige Handschrift

**Goj:** Plural *Gojim*, jüdische Bezeichnung für Christen

**Kapitelsaal:** Raum, in dem sich die Mönche zu Besprechungen zusammenfinden

**Khan:** mongolischer Herrschertitel

**Klausur:** Gebäudeteil des Klosters, den nur Mönche betreten dürfen

**Komplet:** Abendgebet, eines der Chorgebete

**Konverse:** Laienbruder (Nichtpriester) in einem Kloster

**Körpersäfte:** die antike und mittelalterliche Medizin glaubte, dass alle Teile des Körpers aus vier verschiedenen Substanzen, „Säften“, zusammengesetzt seien, der gelben und schwarzen Galle, dem Blut und dem Schleim; war einer dieser Säfte im Übermaß vorhanden oder verdorben, wurde der Mensch krank

**Kreuzgang:** überdachter Gang um einen quadratischen Hof im Kloster; der Name leitet sich davon ab, dass in ihm auch Kreuzprozessionen abgehalten wurden

**Krypta:** unterirdische Grabanlage unter dem Chor einer Kirche

**Leprosorium:** Gehöft, in dem Aussätzige isoliert von der Gemeinschaft leben mussten

**Lungenpest:** gefährlichste Form der Pest, bei der unmittelbar die Lunge befallen wird; sie wird meist durch Tröpfcheninfektion (Atmen, Husten, Niesen) übertragen

**Makulatur:** Pergamentabfall; fand noch als Einband oder zur Buchrückenverstärkung Verwendung

**Meschugge:** jüd. Wort für „verrückt“

**Mesusa:** Kapsel mit einer Schriftrolle an der Tür jüdischer

Häuser; auf der Schriftrolle standen einige Verse aus dem 5. Buch Mose

**Muntaten:** Bezirke in der Stadt, die unter geistlicher Herrschaft standen und nicht dem städtischen Recht unterlagen

**Nissu'in:** Teil der jüd. Hochzeitszeremonie

**Novize:** junger Mönch im Probejahr vor der endgültigen Aufnahme in das Kloster

**Pater:** Plural *patres*, Geistlicher in einem Kloster

**Purgieren:** reinigen, häufige Heilmaßnahme, bei der durch einen Einlauf Giftstoffe aus dem Körper entfernt werden sollten

**Qiddush:** Heiligung des Shabats durch den Hausherrn

**Refektorium:** Speisesaal des Klosters

**Requiem:** Totenmesse

**Requiem aeternam dona ei, domine:** lat., „Herr, schenke ihm die ewige Ruhe"

**Schächtmesser:** Messer, mit dem nach jüdischer Vorschrift, also durch einen Schnitt durch Halsschlagader, Luft- und Speiseröhre, geschlachtet (geschächtet) wurde

**Schebbes:** Kappe

**Shabat:** Sabbat, Ruhetag der Juden (Samstag); an ihm war jede Form von Arbeit verboten; das Anwesen sollte möglichst nicht verlassen, das Herdfeuer musste gelöscht werden; die Sabbatfeierlichkeiten begannen am Tag vorher nach Sonnenuntergang

**Shiva:** Trauerwoche

**Stundengebet:** Chorgebet

**Synagoge:** jüd. Gotteshaus

**Terz:** eines der Chorgebete

**Zeitrechnung**: jüdische, sie setzt mit dem Jahr 3761 (Erschaffung der Welt) v. Chr. ein; will man ein jüdisches Jahresdatum in ein christliches umrechnen, zählt man 240 dazu und zieht dann 4000 ab. Das jüd. Jahr 4302 bezeichnet also das Jahr 542 n. Chr., 4510 entspricht 750 n. Chr.